Investigación y recopilación:
Dr. Miguel Guzmán Peredo

Documentación fotográfica:
Dr. Miguel Guzmán Peredo

Diseño gráfico:
BIME

Fotocomposición:
Ibérica
Fotoreproducción:
Alfacrom

Edición especial para Círculo de Lectores
Círculo de Lectores, S.A.
Valencia 344, 08009 Barcelona

Impreso y encuadernado por
Printer Industria Gráfica, S.A.
Sant Vicenç dels Horts, 1985

Depósito legal B. 34935-1985
Printed in Spain
ISBN 84-226-2052-9

Paisajes e Imágenes de

MEXICO

MIGUEL GUZMAN PEREDO

CIRCULO DE LECTORES

SUMARIO

Hacía ya algunos años que deseábamos producir un libro sobre México; un libro que reflejara las mil facetas de este maravilloso país de variadísimo paisaje geográfico y étnico y de cambiante colorido pictórico y musical.

La dificultad más importante fue hacer un libro sobre México para los propios mexicanos, huyendo en todo momento de los fáciles recursos turísticos para el extranjero que se lleva, con su anónima cámara fotográfica, estampas y sonrisas que nunca llega a comprender en plenitud.

En cambio el público de este libro no es ave de paso, es el lector integrado al paisaje, es el que pasa sin inmutarse frente a las maravillas arqueológicas y tiene los ojos llenos de color.

El lector de este libro es un mexicano auténtico. Un hombre al que llaman "latino" en otras tierras pero que lleva en sus venas un orgulloso torrente de sangre azteca.

El lector de este libro es un hombre de trabajo, una persona feliz que conoce lo propio y quiere que sus hijos se sientan orgullosos de sus ancestros y su cultura.

Por eso, este libro sobre México es especial, es un libro imaginario, un diario imaginario de un viajero infatigable, que descubre en los más lejanos puntos de nuestra geografía, pequeños hitos, sutiles pinceladas, detalles insospechados de la enorme riqueza cultural de esta bella tierra.

Por eso, este libro son varios libros dentro de una misma cubierta, permitiendo varias e interesantes lecturas.

Es un libro de imágenes, de maravillosas imágenes de los parajes más bellos de México, para disfrutarlo en la quietud del hogar y viajar con la imaginación.

Es un libro de curiosidades, de datos históricos, geográficos, étnicos, para enriquecer su conocimiento con un nuevo anecdotario nacido de las propias raíces de la cultura nacional.

Y así... de la mano de Miguel Guzmán Peredo, escritor versátil, retratista fiel e investigador curioso, vamos descubriendo a través del viejo mapa de la Nueva Hispania, los tesoros privados de este enorme tesoro comunitario que es nuestra historia, nuestro arte y nuestras tradiciones.

Viajamos con la imaginación, como aventureros que descubren, llegan, levantan su plano y marcan un territorio para un rey legendario y codicioso, el conocimiento y el respeto que nutren el amor por lo nuestro.

Así transitamos por escabrosas montañas, áridos terrenos de la Baja California, en búsqueda del propio descubrimiento de una pintura rupestre o un petroglifo perdido que un ancestro anónimo dejó entre los magueyes para nuestro asombro y orgullo.

Perseguimos el mítico viaje de los Mexica desde su mítica Atlán hasta Chicomoztoc y Tenochtitlán en una migración épica hacia la tierra prometida y la gloria.

Descubrimos al español codicioso, en las viejas minas, en las ruinas inmutables, en la piedad de los murales, en la mirada vidriosa de las imágenes. Ese español que, en la soledad de su poder infinito, arrebató para siempre sus fieles a los viejos dioses.

Recorremos montañas y valles, selvas y ríos, cenotes legendarios en donde aún vive la fantasía y la aventura; lo vemos todo, las ruinas altivas, las inscripciones misteriosas, los murales, que aún hoy nos hablan de grandeza.

Lo vemos todo, desde la paleontología hasta la etnografía, todo en un viaje maravilloso,

Es que México es en sí mismo un viaje, un tránsito entre el ensueño y la realidad, el ayer y el mañana y este libro nos lo muestra para nuestro deleite y orgullo, pero fundamentalmente para nuestro conocimiento.

Goce usted, amigo lector de una obra singular, atrevida. Pensada para que la disfrute en plenitud, en la quietud de su hogar, en el bullicio de sus vacaciones, en todo lo que sea auténticamente suyo, auténticamente mexicano.

¡Feliz lectura!

El Editor

a ELLA,
inspiradora de este libro.

NOTA PRELIMINAR

México, "el último país mágico", como lo llamó atinadamente Pablo Neruda, limita al norte con los Estados Unidos de América, hacia el sur, la frontera es con Guatemala y Belice. En México, que tiene forma de cornucopia, es factible contemplar paisajes de alta montaña, desiertos, selvas y trópicos de sin par belleza natural. Su grandioso pasado arqueológico, al igual que la floreciente etapa colonial, nos permiten admirar los mudos testimonios pétreos que constituyen un legado histórico y artístico del cual todos los mexicanos estamos justamente orgullosos, ya que aquella herencia es base y fundamento del México contemporáneo, que hace del nuestro, un país en extremo atractivo para todos los visitantes, quienes buscan hermosas panorámicas, monumentos cargados de historia y edificios donde el arte pone el toque de suprema distinción a la piedra.

A casi todos los lugares descritos (excepción hecha de los parajes montañosos aludidos en "Nieve en el Trópico", y de las cavernas yucatecas mencionadas en "Sumergidos en las Entrañas de la Tierra") es factible llegar en automóvil, y únicamente unos cuantos exigen una pequeña caminata para llegar a ellos. De ahí que prácticamente se encuentre al alcance de todos los que quieran contemplar y admirar las maravillas que en este libro describimos, llevados por nuestro insaciable anhelo de dar a conocer lo que juzgamos son sitios de acentuado interés histórico, turístico, artístico o simplemente escénico.

Cada capítulo presenta un determinado aspecto de la variadísima geografía nacional que, aún en estos días tan próximos al siglo ventiuno, resultan prácticamente desconocidos para muchos mexicanos. De esta manera brindamos a los lectores una serie de relatos plenos de sugestión.

En cada capítulo hemos destacado las vías de acceso, las facilidades que brindan los guías y a modo de orientación reproducimos los mapas de nuestro cuaderno de campo.

Es aspiración nuestra que quienes en estas páginas abreven, encuentren ese impulso que los lleve a visitar detenidamente nuestro México. Si así sucede, entonces se habrá cumplido, con creces, el deseo del autor, que pretende que su país sea ampliamente conocido por los propios compatriotas, y también por los viajeros venidos del extranjero, con espíritu abierto a las múltiples y caleidoscópicas facetas que por doquier presenta.

Miguel Guzmán Peredo

EL ARTE RUPESTRE
DE BAJA CALIFORNIA

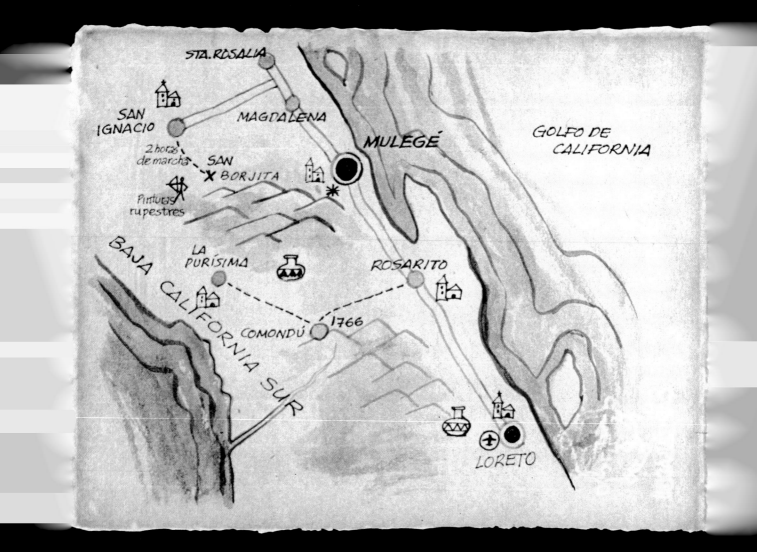

es encantamiento, conjuro, ensalmo,
dición. Y fue por esta poderosa razó
agregamos nosotros— que los hombre
edades pretéritas, lo mismo en Europa
en América, al igual que acontenci
otros continentes, dejaron patente hue
su naciente pensamiento mágico e
cuevas y cavernas, las cuales convirt
en centros ceremoniales al decorarla
pinturas y enriquecerlas con artefac
utensilios, que muestran claramen
avanzado grado de talento artístico qu
nían aquellos primeros hombres.

existen más de 400 lugares.
de la Baja California.
han sido descubiertas pinturas
es.
os más admirables están cerca de
ndes poblaciones. Tal es el
e San Ignacio y Mulegé
que es fácil conseguir un guía
ayuda del conseje del Hotel
Presidencia Municipal
ultando con los choferes de los taxis

Lo mismo los etnólogos que los fi-
lósofos afirman, como lo anota
Herbert Kühn en su libro "El Arte
de la Epoca Glacial", que el hombre prehistórico, el hombre de la etapa de la caza y
la agricultura, desarrolló una avanzada con-
ciencia religiosa, que se manifestó en la magia y en el primitivo monoteísmo. La magia

Ha sido particularmente importante los hallazgos en Europa de lo que con todo acierto se denomina "arte glacial" (el cual, en opinión de los prehistoriadores, se inició hace unos cuarenta mil años), ya que sitios como Lascaux, Altamira, Les Combarelless, Trois Freres y Niaux, entre otros, han aportado un cabal conocimiento del arte rupestre, una de las manifestaciones más perfectas de las inquietudes espirituales, definidas y precisas, de quienes han asombrado a la posteridad con sus creaciones plásticas. Investigadores tan renombrados como Henri Breuil, Hugo Obermaier y Emile Cartaihalc han estudiado infinidad de recintos subterráneos en donde el hombre primitivo rendía culto a la pleitesía a sus espíritus superiores. A este respecto Salomón Reinach, una distinguida personalidad en la materia, dijo que era evidente que las pinturas de las cuevas no habían sido hechas como un simple juego, o por mero sentido ornamental, ya que el contenido religioso de las mismas era indudable. Hühn agrega: "aquellos hombres de la época glacial vivían de la caza. Es entonces tan inconcebible que estos cazadores, que constantemente pensaban en los animales, los representaran en las paredes?"

Con base a los hallazgos realizado en cavernas en Francia, España, Italia, La Unión Soviética, Suiza, Checoslovaquia, Portugal y Alemania (donde existen pinturas rupestres de vivos colores rojo, negro y ocre, principalmente), se puede concluir que las representaciones de animales, muchos de ellos con flechas que dan la idea de haber penetrado en el cuerpo, no expresan otra cosa que la acentuada preocupación que tenían por obtener el sustento de sus actividades en la caza. En su nomádico errabundeo requerían del apoyo mágico que les brindaban esos lugares, desde entonces considerados como sagrados, en los cuales experimentaban la viva idea de una fuerza superior que los alentaba en su cotidiano existir.

Muchos de los sitios donde hay pinturas rupestres son enormes riscos, abrigos o semicavernas en los que el espectador queda empequeñecido ante la magnitud de las mismas pinturas y admirado de su colorido y perfección pese al paso de los siglos.

En Baja California ocurre lo que en muchos otros lugares, en donde el descubrimiento de antiquísimas pinturas (en Europa el arte rupestre más importante parece datar de la época magdaleniense, o sea el período que se halla entre hace 20 mil y diez mil años) han asombrado a los estudiosos del arte parietal, en el cual "las bestias (ciervos, bisontes, toros, caballos y osos, es decir los animales que rodeaban al hombre) están representadas en actitudes vivas, como si en ese momento estuviesen erguidas, como si olfatearan, como si reposaran. Las figuras

son perfectamente naturales, auténticas, vivientes". Y estas pinturas, su estudio, su interpretación y su divulgación han dado forma a un preciosísimo libro titulado "La Pintura Rupestre de Baja California", obra del paciente trabajo, del amoroso cuidado que su autor, Enrique Hambleton von Borstel, mexicano, ha tenido para lo que él considera su actividad primordial: el cabal conocimiento del arte prehistórico peninsular, disciplina que lo ha llevado a profundizar como ninguno en la pintura parietal bajacaliforniana al recorrer las serranías de la parte central de la península —entre los paralelos 26 y 29— donde se localizan los sitios en los cuales "unos misteriosos artistas, asienta el autor, plasmaron, sobre la roca viva, un mensaje pictórico lleno de vigor e incógnitas".

Como en Altamira en España, el sur de Francia y otros lugares famosos en el mundo, el color ocre y el negro son los más predominantes.
No obstante la pintura baja-californiana tiene una personalidad propia y una fuerza expresiva singular.
El artista ha aprovechado las anfractuosidades de la pared para obtener de su trabajo una sorprendente sensación de volumen y, como en las célebres pinturas saharianas, ha empleado la superposición de imágenes para dar a la obra una lograda perspectiva.
A la manera del trabajo de las bóvedas de las grandes catedrales, el hombre primitivo construyó andamios de piedra y madera con los que alcanzar las alturas, construyendo auténticas capillas en donde rendir culto a sus deidades tutelares, practicar la magia, efectuar curaciones y dar rienda suelta a su mística con representaciones de su entorno, de los animales que le daban sustento y que le exigían largas y penosas correrías para poder cazarlos.
El hombre primitivo, débil, supersticioso pero enormemente social, logró pese a las limitaciones de su contextura física hacer de la tarea comunitaria la mayor de sus fuerzas y estos lugares ricamente decorados fueron los mudos testigos del nacimiento de su madurez intelectual.

Por el ineludible interés que entrañan los conceptos que Enrique Hambleton asienta en la nota preliminar de este libro vamos ahora a transcribir cuatro párrafos, en extremo ilustrativos: "En el contexto mundial de la pintura rupestre, la región central de Baja California representa una de las mayores concentraciones de arte prehistórico conocidas hasta ahora, y los murales que nos ofrece pueden ser calificados de únicos, tanto por la escala monumental a la que fueron ejecutados, cuanto por las características que reviste su estilo. Sin embargo, dada la carencia de estudios que pudieron arrojar alguna luz al respecto, es nada lo que sabemos acerca de sus autores de la época en que realizaron su obra.

Valiéndonos de las conjeturas y de acuerdo con los lineamientos del paralelismo cultural, podríamos esbozar el escenario aproximado de condiciones que prevalecían en la zona durante la época en que hubiera podido tener lugar la actividad pictórica. Eso intentará en las páginas que siguen, admitiendo de antemano que las hipótesis que aventuro no tienen, en muchos casos, más fundamento que ese paralelismo, al que he recurrido como principal recurso.

Sin embargo, el ansia de dar a conocer, así sea en mínina parte, el acervo colosal del arte prehistórico de Baja California, obedece también a otro motivo: el de dar una voz de alarma ante el inminente riesgo de que se pierda, para siempre, en el curso de unas cuantas décadas. Lo que la acción del tiempo y los elementos no ha podido acabar en varios siglos, pronto sucumbirá ante el saqueo y el vandalismo. Varios de los sitios en los cuales se localizan los murales, son ya visitados por un creciente número de curiosos, nacionales y extranjeros, quienes, con sus excavaciones, anulan toda posibilidad de estudiar científicamente los detritos estratificados en el suelo de las cuevas y respaldos, por no mencionar la audacia con la que otros arrancan parte de rocas, mutilando sin remedio las pinturas.

Son inegables los esfuerzos que vienen llevando a cabo las autoridades en muchos sitios arqueológicos del territorio nacional

y, con ello, nos es dado observar cómo los monumentos precortesianos, o aquéllos de la época colonial, cobran nueva vida merced a importantes trabajos de investigación y preservación. ¿No podría esperarse una actitud semejante en relación con las pinturas murales prehistóricas de Baja California?"

La gran calidad del arte rupestre de Baja California, permite compararlas con las más famosas de otros lugares del mundo, como son las célebres pinturas de Altamira en España.
Lo más sorprendente es el magnífico estado de conservación en que se encuentran, sobre todo si se tiene en cuenta que están, muchas de ellas, a la intemperie, expuestas a la brillante luz del sol baja-californiano.

De hecho no es necesario aplicar ningún artificio técnico para obtener de ellas magníficas fotografías, tales como mojarlas, pintarlas con glicerina o cualquier otro producto revitalizador del color.
Basta la cámara fotográfica y un buen trípode para llevarse las más bellas imágenes.
Derecha: la fotografía recoge la reproducción de un artista local en la decoración del hotel Twin Dolphin muy próximo a Cabo San Lucas. Buen punto de partida para las expediciones por Baja California Sur.

En ocasión de un reciente viaje por Baja California Sur tuvimos la oportunidad de conversar con Enrique Hambleton von Borstel, pionero en el conocimiento y la difusión del arte prehistórico bajacaliforniano, a quien la Fundación Cultural Banamex publicara, en 1979, sus aventuras e investigaciones en las serranías peninsulares. Este libro, toda una obra de arte por sus características tipográficas, es el más espléndido documental gráfico de la pintura rupestre de aquellas entidades (al abarcar la zona de influencia la parte intermedia de ambos estados, pertenece a ambos estados la formidable riqueza cultural de una manifestación de altísima calidad plástica), que ha sido estudiado en forma por demás exhaustiva por el autor del libro que ahora nos ocupa. De la fecha de publicación de este volumen al presente, Enrique Hambleton ha continuado con sus exploraciones. El número de sitios visitados se ha elevado ya a cuatrocientos, lo que, lógicamente, ha enriquecido el acervo de material para un segundo libro más amplio, completo y, por ende, más valioso acerca de este fascinante testimonio estético de aquellos moradores (¿cochimíes, guaycuras, pericúes?) que hace muchos, muchos siglos, experimentaron la emoción de representar la figura humana en las paredes de las cuevas y oquedades de las altas serranías bajacalifornianas donde moraban. Y de esta manifestación pictórica nos dijo Enrique Hambleton: "considero que estas pinturas rupestres son las más espectaculares y bellas del continente americano".

Al igual que en muchos lugares de Europa, las pinturas rupestres de Baja California representan figuras de hombres y animales, de gran tamaño y coloreadas en negro, rojo y ocre. "El conjunto de figuras antopromorfas y zoomorfas no escenifica una cacería u otra actividad real. Las figuras humanas permanecen curiosamente estáticas en su relación especial con las figuras de animales, plenas de dinamismo y movimiento". Numerosas son las figuras, tanto de hombres como de animales, que están atravesados por flechas, lo que de manera indudable nos habla del pensamiento mágico de aquellos hombres, para quienes la cacería tenía un contenido y una proyección en extremo señalada.

Fueron sensibles observadores de cuanto les rodeaba; más aún, tenían la chispa del genio. Dejaron un elocuente testimonio de su presencia, un clamor en la incógnita de la prehistoria, cuyo eco subsiste hasta nuestros días".

LOS PETROGLIFOS DE "PIEDRAS PINTAS"

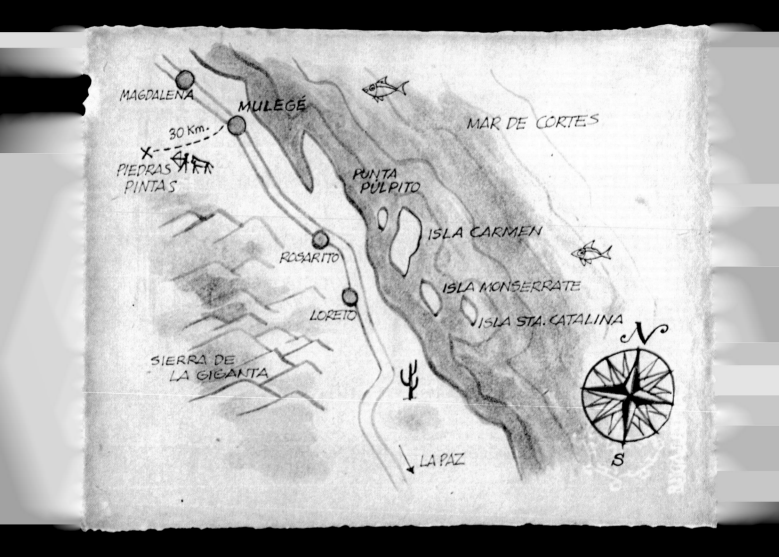

a Piedras Pintas no es fácil,
prescindible contar con la ayuda
a guía experto, que no sólo
ca el camino, sino también
ca la hora más apropiada para que
dencia adecuada de los rayos
s facilite el tomar
s fotografías.
e un guía en el Ayuntamiento,
te con el conserje de su hotel y
s viejos taxistas de Mulegé.
abrán orientarle con esa
sición y simpatía que son propias
jocaliforniano.

A una distancia aproximada de treinta kilómetros de Mulegé, en el corazón de Baja California Sur, se encuentra el lugar denominado "Piedras Pintas", en el cual los antiguos moradores de estas regiones (seguramente los guaycuras", ya que al sur habitaban los pericúes, mientras que al norte lo hacían los

cochimíes) grabaron sobre el basalto c
rocas que forman una terraza, a un c
do de la cañada que lleva el mismo
bre de "Piedras Pintas", numerosos p
glifos que representan animales marin
les como peces, ballenas, delfines, r
tiburones, langostas, a más de alg
otras figuras que no han sido identific
plenamente.
Dice Louis-René Nougier, una autorida
las manifestaciones artísticas de la pre
toria, que "arte prehistórico, esencialr
te naturalista asociado a las civilizacio
dedicadas a la caza de la Edad del R

Una vez encontrado el guía y acordada
la hora de la expedición,
prepárense para pasar varias horas en
pleno desierto.
Provéase del vestuario adecuado, zapatos
cómodos y livianos, y una
pequeña ración de agua. Descanse y
duerma, el ambiente del
desierto fatiga y es necesario estar
en buena forma.
En pleno desierto junto al lecho de
un cauce fluvial, casi siempre
seco se levanta una ladera,
en donde se contemplan los extraños
grabados hechos hace siglos
por inquietos artistas, que necesitaron
de su manifestación para
reforzar su espíritu y
continuar la dura lucha por la
supervivencia.

Las técnicas modernas para la determinación de edades, mediante la radioactividad del carbono 14, sitúan este arte entre el trigésimo y el décimo milenios. Los cinco milenios principales, del año quince mil al diez mil, antes de nuestra era, engloban todos los lugares privilegiados del gran arte rupestre". En aquellas lejanas épocas el hombre, impulsado para ello por una acentuada inquietud espiritual, llenó de color y movimiento infinidad de cavernas, como Niaux, Altamira, Les Combarelles, Rouffignac, Porto Badisco y otras, decorándolas con representaciones de los animales que él cazaba y de los cuales se alimentaba: renos, caballos, bisontes, osos, mamuts. Pero además también grababa en astas de ciervos y en diversos huesos de animales otras figuras, cuya perfección anatómica y realismo naturalista ahora sorprenden a los especialistas en el arte de la llamada "época glacial", que seguramente fueron hechos con los primitivos instrumentos —puntas de sílex, principalmente, de los que se servían. Y afirman los entendidos que estas acciones estaban basadas en lo que se llama "magia imagintiva", que pretende que quien dibuja la figura de un animal (y principalmente lo hacen los cazadores y los pescadores) habrá de tener abundancia en la captura de esos seres vivos que constituyen su alimento primordial. Finalmente diremos que se piensa que en todos los lugares en donde los antiguos moradores de este planeta dejaron estampada la huella de su arte, fueron recintos religiosos para alcanzar excelentes resultados en sus cacerías.

Las especies representadas son perfectamente identificables. Los grabados nos ofrecen una magnífica colección de ballenas grises, tiburones, rayas, crustáceos, especies que sin duda han formado parte de la dieta de estos antiguos pobladores. Las ballenas con sus saltos nupciales atronando las madrugadas y su extraño fenómeno de morir embarrancadas en las playas debieron ser para el primitivo artista algo fascinante, no sólo por sus apariciones cíclicas sino también por el inagotable festín que representaba para una pequeña población de nómadas.

Todo hace suponer que no se atrevieron a penetrar profundamente en el mar pero sí que supieron recoger de las playas los animales arrastrados por la marea y que representaron en sus petroglifos con la esperanza de una nueva y extraordinaria cosecha tras los conjuros.

En la risueña población sudbajacaliforniana de Mulegé, sita a 491 kilómetros de La Paz, capital del Estado, tuvimos la suerte de establecer contacto con el Señor Sergio Miranda Cortés, funcionario del ayuntamiento local. Esta persona vive en la casa 47, del Callejón Galván, y accedió de muy buen grado a mostrarnos las pinturas rupestres próximas al Rancho de La Trinidad, así como los petroglifos de "Piedras Pintas", que resultaron una agradabilísima sorpresa cuando las admiramos.

El camino de terracería hace indispensable el uso de un vehículo alto, para evitar que las piedras del camino dañen el motor o la carrocería. En una hora de recorrido llegamos a "La Trinidad", y después de caminar veinte minutos llegamos a una cañada —por donde antaño corriera un caudaloso arroyo— y en una pequeña oquedad hay algunas pinturas de color blanco, que nos recordaron, éstas últimas, aquellas pintadas en negro en la yucateca cueva de Loltún. Al respecto conviene anotar que en infinidad de cavernas europeas hay representaciones de "manos" y se asegura que este tipo de manifestaciones del arte parietal es el distintivo del afán que tuviera el artista que las imprimiera por proyectarse en el tiempo y en el espacio, alentado su pensamiento por sus ideas religiosas.

Tras de una breve visita a este lugar, luego fuimos, seis kilómetros adelante, a "Piedras Pintas". Dejamos el vehículo y caminamos unos quince minutos para llegar a lo que en tiempo de aguas es llamado Arroyo de "Piedras Pintas", que tomó su nombre, es casi seguro, de las inscripciones existentes en este sitio.

Desde la parte inferior de esta ladera rocosa hasta casi la cima, en una extensión aproximada de unos cincuenta metros de frente por veinte de alto, infinidad de rocas lucen curiosos grabados que, como ya lo señalamos, son representaciones de diversos animales marinos, ahí dejados hace miles de años (la edad exacta no puede conocerse, pero bien puede ser que tengan como mínimo tres mil años, de acuerdo a los cálculos y razonamientos que hace Enrique Hambleton von Borstel, autor del preciosísimo libro "La Pintura Rupestre de Baja California") por los aborígenes que obtenían gran parte de su sustento con las especies que habían pescado y capturado en el mar. Es posible, observando con toda atención —y claro está, escalando la pequeña colina, para admirar de cerca cada una de las figuras—, advertir el crecido número de pe-

Cae la tarde en Baja California, un espectáculo que se repite cada día con renovado derroche de color.

ces que adornan las rocas de este paraje, así como otros que, de manera indudable, son delfines, ballenas, tiburones, rayas, langostas, etc. Hay un dibujo de gran tamaño, de un metro cincuenta aproximadamente, al cual no le encontramos ningún parecido con persona o animal, que recibe el nombre de "El Jefe". Está en posición erecta y con los brazos abiertos como si dominase el entorno.

La mejor hora para visitar "Piedras Pintas", sin olvidar las pinturas ruepestres de "La Trinidad", que no por pequeñas merecen pasar desapercibidas (pequeñas, decimos, al compararlas con "Palmarito" o "San Borjitas", por ejem-

No es Piedras Pintas el único sitio donde es posible contemplar petroglifos, aunque sí el sitio donde su concentración hace presumir una importancia mágica particular, un lugar de descanso, un lugar de culto, o un asentamiento habitual en su nomadismo.
La zona de los petroglifos es una faja que partiendo de la costa del Mar de Cortés, profundiza hacia el inteiror de la península bajacaliforniana.
Con un poco de buena suerte, el viajero en su viaje desde Mulegé puede encontrar junto al camino piedras con petroglifos aún no descritos por el científico, basta con parar, bajarse del automóvil e intentar la aventura de un descubrimiento personal que lo llenará de orgullo.
Así se explica que estos grabados recojan la imagen de especies marinas a tantos kilómetros de la costa y que si bien hoy representan media hora de automóvil, entonces significaba una travesía nomádica de importancia.

Es muy probable que este extraño lugar tuviera para el hombre primitivo una importancia ritual singular y que a la vista de estas imágenes se realizaran los partos o se hicieran curaciones, o se cumpliera alguna celebración especial relacionada con la migración de las especies y que se invocan los espíritus para que la pesca fuera nuevamente abundante tras los períodos en que los grandes animales marinos desaparecían de las costas.

plo, que son dos de las más hermosas que existen), máxime que por la cercanía de los petroglifos a las pinturas el doble recorrido hace más grato el paseo vespertino, es por la tarde. Saliendo de Mulegé a las catorce horas se llega a "Piedras Pintas" al filo de las tres de la tarde, que es cuando la luz que reciben las inscripciones pétreas, directamente del sol que se pone frente a los grabados, permite apreciar, y fotografiar, todos los detalles y pormenores de estos enigmáticos petroglifos.

E l recorrido, en su totaldad, es de unos sesenta kilómetros desde la parte céntrica de Mulegé. La brecha es bastante aceptable, si bien algunos tramos son un poco más problemáticos que el resto del camino, por la abundancia de rocas. El paisaje que se contempla ha recibido el nombre de desértico, en el cual la flora está representada por arbustos capaces de resistir la aridez que caracteriza estas regiones, como el *palbadán,* el *palo colorado, la uña de gato,* el *palo fierro,* el *mezquite,* el *palo blanco* el *torote;* y dentro de las cactáceas figuran el *cardón* —que alcanza gran tamaño, pudiendo llegar a medir hasta veinte metros—, y la *pitahaya dulce* y la *pitahaya agria,* el *garambullo,* las *chollas* y las *biznagas.*

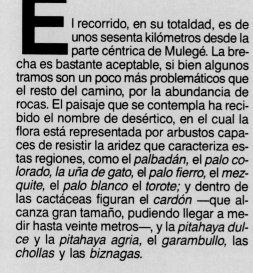

Ya de regreso a Mulegé, que es un precioso oasis que cuenta con varios hoteles y con un par de trailer-parks sitos a la orilla norte del río, conviene disfrutar de la quietud y la tranquilidad de esta simpática población que data de los tiempos de los misioneros jesuitas. El nombre original era Caamanc-Cagalejá, y quiere decir "agua que baja de las cañadas". Visita obligada es a la misión que data del año 1705, cuando se fundó a la vera del cauce fluvial la naciente urbe llamada Santa Rosalía de Mulegé, que hoy en día es simplemente Mulegé, ya que Santa Rosalía es otra ciudad, minera por excelencia, 75 kilómetros al norte.

Si se ha escogido la hora adecuada, las tres de la tarde, en que la posición del sol es perfecta para aumentar el contraste de los grabados, no es necesario mojar las piedras ni utilizar ningún artificio para obtener excelentes fotografías. Sí aconsejamos, llevar un trípode con el que se puede lograr un foco perfecto que ayude a obtener un contraste acentuado que hace de la fotografía documental un arte maravilloso.

Hay media docena de especies marinas fácilmente identificables dibujadas con gran precisión y belleza. Pero llama poderosamente la atención una figura de reminiscencias humanas. La gente del lugar la llama el brujo, no sin cierta justicia y con esa intuición que siempre acaba por sorprender al científico. Si tenemos en cuenta la probada naturaleza ritual que tienen los petroglifos y las pinturas rupestres es probable que el hombre primitivo baja-californiano se halla retratado a sí mismo como centro de su universo mágico, en el puro afán de gratificar su espíritu atormentado por el miedo que le producía su débil naturaleza ante los bien dotados animales que poblaban su entorno.

Mulegé cuenta con un pequeño muelle, ya que la pesca deportiva es una de las principales actividades que desarrollan aquí los turistas, así como con un aeródromo, ya que muchos viajeros norteamericanos llegan el fín de semana en sus propias avionetas, a gozar de tan idílico rincón bajacaliforniano, que hoy en día empieza a ser mejor conocido.

26

UN CEMENTERIO DE TIBURONES PREHISTORICOS

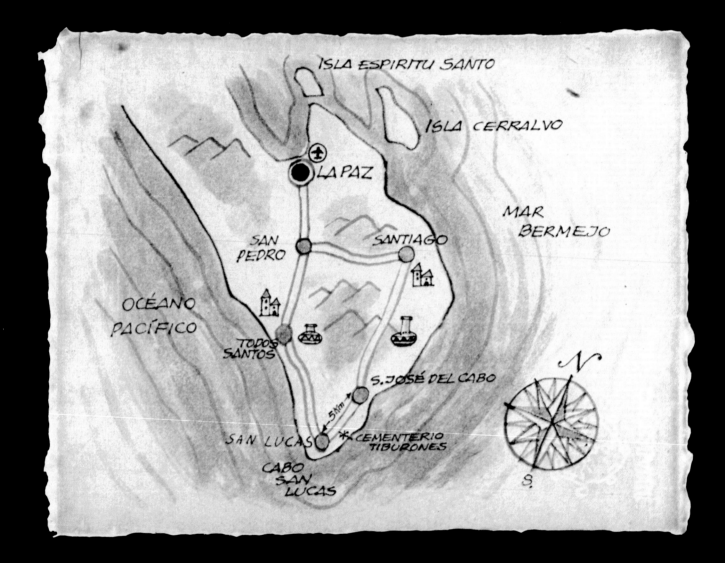

Si ha decidido viajar a Cabo San Lucas, puede realizar una de las excursiones más fascinantes, visitar el cementerio de tiburones prehistóricos y a Jimmie Jeffries, el inquieto investigador que la logrado descifrar parte del intrincado mundo de la paleontología de México.

Muy contados son los lugares en nuestro país en los cuales es posible encontrar restos fósiles de tiburones. Uno de ellos es el área próxima a la extremidad meridional de la península de Baja California, en donde han sido localizados infinidad de dientes fósiles de especies extintas de tiburón, que en su conjunto integran una magnífica colección, en la que, inclusive, figuran otros fósiles de los animales (mamíferos, aves, anfibios y reptiles) que habitaron durante el período plioceno esta zona geográfica, que entraña tanto interés para los geólogos.

En esta región cercana a Cabo San Lucas —y por ende a San José del Cabo— un emprendedor norteamericano, el señor Jimmie Dale Jeffries, colabora de manera entusiasta y honoraria con el Instituto de Geología de la Universidad Nacional Autónoma de México, proporcionando abundante información acerca de las localidades fosilíferas, y las posibilidades de exploración del subsuelo con fines de investigación paleontológica. Ha sido tan fructífera para la cien-

cia la actividad de Jimmie Jeffries, recorriendo estos sitios en pos de nuevos yacimientos de fósiles, que una especie estudiada por los científicos del Departamento de Geología de la Universidad Brigham Young, de Utah, en Estados Unidos, lleva el nombre de Jeffries, por haber sido éste quien la descubrió.

Por lo que respecta a los dientes fósiles de especies ahora extintas de tiburones, descubiertos en

lueta se ha hecho más aerodinámica, para darle mayor rapidez de movimientos en el agua.

Los grandes dinosaurios, como el Diplodoco (cuya longitud era de unos veintiséis metros y su peso de diez toneladas), y como el Tiranosaurio (que medía doce metros y pesaba siete toneladas), desaparecieron de la faz del planeta: el primero hace ciento treinta millones y el segundo hace sesenta y cinco millones de años. El tiburón, que merodeaba por los mares desde muchísimos millones de años antes que los colosales dinosaurios, continuó —y así sigue hasta nuestros días— como el máximo de-

Baja California, la península más larga del mundo es una de las regiones en donde el mar adquiere proporciones fascinantes. Sus maravillosas costas escarpadas y rocosas a veces, otras bañadas por finas arenas encierran una de las páginas más sorprendentes de

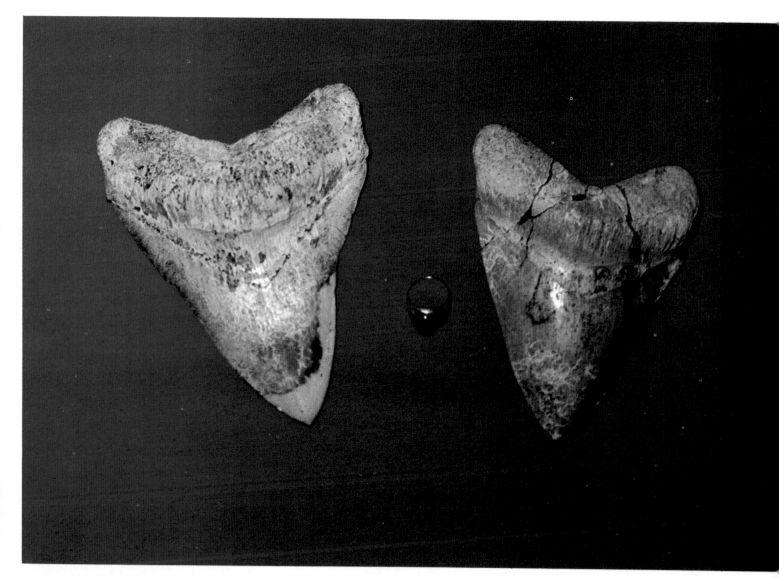

aquellos parajes, son ahora estudiados por el Grupo Cipactli, del Instituto de Geología de la UNAM (integrado por el doctor Shelton P. Applegate, y los biólogos Luis Espinoza, Fernando Sotelo y Leticia Menchaca), con el objeto de ampliar el conocimiento que se tiene de los tiburones. El análisis de los dientes de los tiburones permite conocer las características de estos cetáceos, de acuerdo a las diferentes especies, ya que se sabe que cada una de ellas posee particularidades que la distinguen de otras. La antigüedad de los tiburones en los océanos de este planeta se remonta a unos 340 millones de años, y desde entonces, hasta nuestros días, prácticamente en nada ha cambiado su forma, salvo, quizá que su si-

predador de los océanos, pues por su formidable dentadura ninguna otra especie marina puede hacerle frente. El *Carchadoron megalodon,* un gigantesco tiburón de aquellas remotísimas edades, que medía treinta metros de largo, tenía afilados dientes, el más pequeño de los cuales era del tamaño del puño de un hombre.

Pasaron las edades. Transcurrieron muchísimos siglos, y cuando hace aproximadamente un millón de años apareció el hombre el tiburón

la paleontología, los secretos de los gigantescos tiburones que hace millones de años recorrían el océano en su eterno y famélico peregrinar. Hoy sus restos de enormes proporciones han servido de inspiración para el cine y la literatura. La obra Tiburón ha hecho revivir estos monstruos gigantescos, que aunque parezcan salidos de la imaginación, existieron alguna vez.

El tiburón actual es un fósil viviente, su sistema respiratorio es tan primitivo que el animal no puede dejar de estar en movimiento, sopena de asfixiarse.

continuaba en los mares, como dueño y señor de los abismos oceánicos. Y en nuestros días el tiburón —sobre el cual no pesa ninguna amenaza de posible extinción— permanece, cual auténtico fósil viviente, ocupando una posición realmente única, pues no es ni pez ni mamífero, pero en cambio tiene cualidades sobresalientes a ambas clases zoológicas. A diferencia de los primeros, a los que en mucho se parece, el tiburón carece de esqueleto óseo; en su lugar posee un cordón cartilaginoso. A falta de las escamas propias de los peces lleva el cuerpo recubierto por una envoltura paquidérmica similar por lo áspera al papel de lija, pero por su espesor (a causa de los dentículos dérmicos que la constituyen, muy parecidos por su naturaleza a los dientes) muchísimo más dura que la suela de los zapatos. El tiburón, como los peces, muere si es llevado fuera del agua; y por carecer de vejiga natatoria debe estar, casi siempre, en constante movimiento, para que haya una permanente corriente de agua de su boca a sus branquias, con el objeto de tomar el oxígeno disuelto en el agua.

A este particular diremos que aún es un enigma para la ciencia la razón por la cual se han encontrado, en ciertos lugares, lo que se ha dado

tigadores. Nosotros hemos contemplado, en un paraje denominado Caleta Tortuga Negra (en la parte norte de la Isla Santa Cruz, en el archipiélago de las Galápagos), caracterizado por los manglares que ahí proliferan, una treintena de tiburones de tres tipos diferentes. Lo más inusitado fue que la profundidad de aquella poza, a la que llegamos en una pequeña canoa empleando para ello los remos, era de unos noventa centímetros. Los tiburones estaban inmóviles, reposando en la arena, y sólo se ponían en movimiento cuando nosotros los tocábamos con el remo.

De las cuarenta mil especies de animales que habitan los mares trescientas corresponden a los tiburones. Algunos de ellos, en estado adulto, miden escasos treinta centímetros, como el *Etmopterus hillianus;* mientras que otros alcanzan un tamaño de veinte metros, como el tiburón ballena *(Cetorhinus maximus),* cuyo peso es de diecisiete toneladas. Este enorme tiburón es inofensivo para el hombre. Se alimenta de pequeños organismos marinos, y es la criatura semejante a los peces más grande que existe en los mares tropicales.
A los tiburones se les encuentra en todos los océanos. Lo mismo en las tibias y cris-

Tiburón peregrino (15 m)
(Cetòrhinus maximus)

Jaquetón (12 m)
(Carcharodon carcharias)

Su enorme voracidad los convierte en los basureros del mar, sorprende encontrar en sus estómagos, latas, frascos y basuras que recoge incesantemente de nuestras costas.
Existen actualmente un importante número de especies algunas, aún hoy, de sorprendente tamaño, especialmente en las costas de California en donde habita el gigantesco tiburón tigre.
El océano Pacífico y sus barreras de coral, es el hábitat ideal de los grandes tiburones, aunque hay representantes de su especie en todos los mares.
Algunos pequeños y otros tan enormes como el mítico tiburón ballena.

Pez martillo (6-7 m)
(Sphyrna zygaena)

Tiburón tigre (9 m)
(Galeocerdo cuvieri)

en llamar "tiburones dormidos", ya que se ha visto que reposan inmóviles, casi en un aforma cataléptica, sin que, al parecer, los perturbe la presencia sobre los buceadores, que estudian este singular fenómeno;en las aguas caribeñas de México, en algunas cuevas submarinas, se ha podido observar este curioso hecho, que intriga a los investigadores.

talinas aguas de los mares tropicales, que en las gélidas de las regiones polares. De igual manera se les halla en la superficie del mar que en los fondos abismales de las mayores profundidades oceánicas. Pero no solamente recorren a su antojo los mares, ya que también en agua dulce existen otros tipos de tiburones, como los del río Zam-

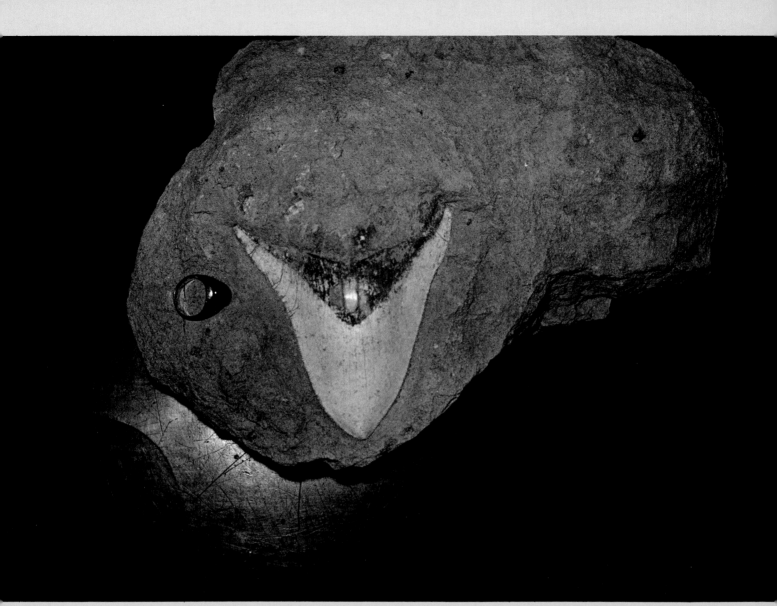

beze —tributario del océano Indico—, del río Ganges —que se vierte en el Golfo de Bengala— y del Lago de Nicaragua. Del segundo de estos tiburones, los que incursionan por el río Ganges *(Carcharodon gangeticus),* podemos agregar que suelen recorrer los estuarios de aquel cauce fluvial, especialmente en los meses de abril y mayo, cuando el Ganges tiene una composición más salina que de ordinario. El de Nicaragua *(Carchahinus nicaraguensis)* es tenido por el único tiburón que habita un lago de agua dulce.

ntre las principales especies de tiburones figuran las siguientes: tiburón blanco *(Carcharodon carcharias),* considerado el más peligroso de todos, es así mismo uno de los más grandes, ya que puede medir hasta trece metros. Este colosal escualo come focas, delfines, otros tiburones y hombres.

El tiburón tigre *(Galeocerdo civier)* es llamado en algunos lugares tiburón leopardo, por las manchas que cubren su piel. Habita en las aguas tropicales y subtropicales, y existen registros de algún escualo de esta es-

pecie que midió diez metros y pesaba cerca de mil kilogramos.

El tiburón limón *(Negaprion brevirostris)* en estado adulto alcanza un tamaño de dos a tres metros. Es uno de los que han sido vistos "dormidos" en cuevas submarinas.

El tiburón gata *(Ginglysostoma cirratum)* es normalmente inofensivo, pero si se le molesta ataca al hombre. Es fácil identificarlo por las dos barbas que lleva al frente.

El tiburón martillo (el de tamaño considerado como común es el *Sphyrna zygaina,* mientras que el grande es el *Sphyrna mokarran)* es un escualo muy fácil de reconocer, por la forma, semejante a un martillo, de la cabeza del animal.

El tiburón toro *(Carchahinus leucas)* es otra especie que suele ser vista reposando en los fondos marinos.

Para conocer la dureza de los materiales se utiliza la escala de Mohs, y de acuerdo con esta guía los dientes de los tiburones son tan duros como el acero. Gracias a esta dureza los dientes de los escualos han resistido las inclemencias del tiempo, a través de las edades geológicas, y por ello se les localiza en determinados sitios —sobre todo cuando han transcurrido milenios y esas piezas dentales se hallan fosilizadas—, como el Rancho "Algodones", en Baja California Sur, donde Jimmie Jeffries ha encon-

Duros como el acero, los dientes de los escualos, han resistido en perfecto estado, el paso de los milenios y las aventuras de la corteza terrestre.
En general se los encuentra incluidos en viejos sedimentos compactados y petrificados, de donde el hábil paleontólogo los extrae, limpia y conserva para maravilla del viajero y del estudioso especializado en fauna marina.
No es baja california el único yacimiento de dientes de tiburones prehistóricos, nosotros les hemos observado durante las immersiones practicadas en los cenotes de la península yucateca.

trado numerosas piezas de impresionante tamaño, como los que aparecen en las fotografías de este capítulo.

En la figura se pueden comparar los discos vertebrales de un tiburón prehistórico y de un tiburón actual, ambos a tamaño real.

Existe otra zona donde nosotros hemos visto dientes fósiles de tiburón, y es la de los cenotes de la península yucateca. Al sumergirse en estos cuerpos de agua dulce, semejantes a laberintos subterráneos (en este caso cubiertas por las aguas que se han filtrado desde la superficie, ya que en Yucatán no existen cauces fluviales permanentes, debido a la composición del terreno), el buceador puede contemplar cavernas inundadas en cuyas paredes, incrustados, existen miles y miles de restos fósiles de la más variada índole. Todo ello nos habla, de manera fehaciente, del pasado geológico de la península, muy semejante al de la Florida, donde también hay este tipo de galerías, en las cuales se practica el espeleobuceo, una apasionante variedad de la inmersión submarina.

En cuanto a la velocidad del tiburón es conveniente anotar que los investigadores afirman que puede llegar a los sesenta o setenta kilómetros por hora. Un buceador, equipado por aletas, visor y snorkel puede nadar a unos cinco kilómetros por hora.

Las personas interesadas, en conocer esta singular —y única— colección de dientes fósiles de tiburón (a más de los restos fósiles de otros dinosaurios, paciente y amo-rosamente reunidos por Jimmie Jeffries, quien es el depositario temporal de esta formidable colección paleontológica) puede visitar el rancho de Jeffries e identificarse como lector de este libro.

A unos cinco o seis kilómetros de Cabo San Lucas, rumbo a San José del Cabo, se ubica —a mano derecha— el cementerio municipal, a unos cien metros de la carretera. Se entra por este camino y hay una desviación a mano derecha, que serpentea por unos dos kilómetros hasta la casa de Jeffries, quien cordial y gustosamente mostrará a los visitantes tan espléndida colección.

En la figura se pueden comparar, los dientes de un tiburón prehistórico y los de un tiburón actual. Ambos a tamaño real.

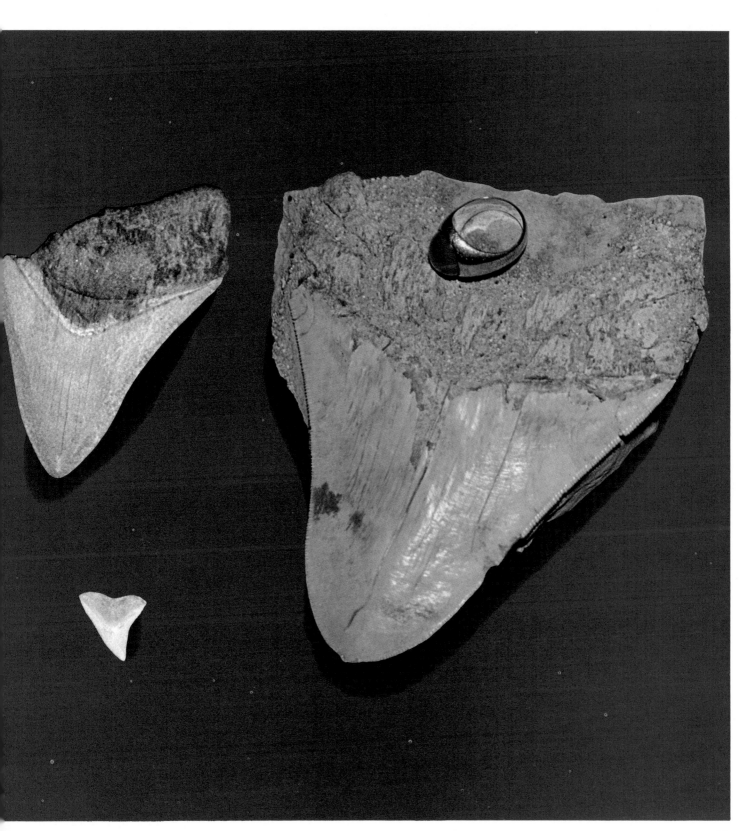

EL PARQUE
NACIONAL
DE MAJALCA

Una hora de automóvil separa a Majalca
de la bella ciudad de Chichuahua
y constituye en sí misma una de las
excursiones más bellas que se
pueden realizar desde la histórica
capital de Santa Eulalia de Chihuahua.

Dentro de la nutrida serie de parques nacionales existentes en nuestro país, recintos escénicos que por su belleza natural son dignos de ser preservados para el disfrute de los generaciones venideras, el Estado de Chihuahua cuenta con uno muy hermoso y espectacular. Se trata de "Las Cumbres de Majalca", que desde 1939 figura en esa relación y cuya extensión es de 4.773 hectáreas. Se localiza a una distancia aproximada de 65 kilómetros de la ciudad de Chihuahua, hacia el noroeste.

Para llegar a este hermoso sitio hay que seguir la carretera que enlaza a la capital chihuahuense con Ciudad Juárez hasta el kilómetro 33. Aquí hay una desviación a la izquierda y una señal de caminos que indica 25 kilómetros a Majalca. El odómetro del automóvil que conduciamos marcó 33 kilómetros hasta la entrada del parque nacional que en este capítulo nos ocupa.

El amplio territorio del estado de
Chihuahua no fue nada más que
una parte de lo que en la época del
virreinato fuera el reino de
Nueva Vizcaya que comprendía
los actuales estados de Durango,
Chihuahua, Sonora y Sinalva.
Don Antonio de Deza y Ulloa, gobernador
de este enorme territorio y
deseoso de establecer conforme a los
cánones entonces vigentes una villa que
fungiera como cabecera de los
reales de minas concentrados en la
confluencia de los ríos. Churiacar y
Sacramento, convocó a una junta
de vecinos. De esta manera se acordó
que con el nombre de Real de
San Francisco de Cuellar quedaba
fundada el 12 de octubre de 1709, la
que llegaría con el tiempo a ser
la bella ciudad de Chihuahua.
Hubieron de pasar 105 años para que
en 1823, mereciera el título de ciudad
ya con su nombre definitivo.
Clave de los ricos territorios del norte,
sufrió varias ocupaciones por
ejércitos extranjeros. La primera
cuando las tropas norteamericanas
invadieron Mexico en 1847 y luego durante
la intervención francesa en 1865
y finalmente durante la expedición
punitiva contra Pancho Villa en 1916.

Durante un tramo de veinte kilómetros el camino de terracería serpentea por la planicie, siguiendo el cauce seco de un ancho río. Cuando hemos recorrido trece kilómetros pasamos frente a un polvoriento caserío, llamado "Nuevo Majalca". En el lecho fluvial, a nuestra izquierda, vemos enormes piedras de color verde azuloso. Un kilómetro más adelante se ubica el rancho "Peñas Azules" Al final de este dilatado valle penetramos en un cañón, con formaciones rocosas muy caprichosas, que son un anticipo de la maravilla geológica que contemplaremos quince kilómetros más adelante, en pleno parque nacional "Cumbres de Majalca".

En repetidas ocasiones cruzamos el seco cauce fluvial por medio de bien trazados vados. A la orilla del camino brotan pequeños manantiales de agua cristalina. La vegetación está dada por arbustos y matorrales. Luego dejamos el cauce que habíamos venido bordeando durante viente kilómetros —a veces el camino se halla pavimentado y a veces es simple brecha, que obliga a conducir muy lentamente— para inciar una empinada subida, que nos permitirá transponer la alta serranía. Ahí un letrero indica que ese paraje es llamado "La Cuesta". A tres kilómetros más adelante, en pleno ascenso a la cumbre de la serranía, hay un manatial denominado "El Ojito", con una pequeña fuente y algunas mesas de piedra para los paseantes. El paisaje es de agreste hermosura. El horizonte se ensancha cuando llegamos a la cumbre. Por doquier vemos enormes barrancos, y tras de recorrer los últimos kilómetros aparecen ante nuestros ojos las caprichosas formaciones de roca que caracterizan a este parque nacional.

U n arco de manpostería da la bienvenida a los visitantes, quienes momentos antes han vislumbrado la señal de que entran a una zona de reserva forestal, en la cual está ubicada la Colonia "Cumbres de Majalca". La planicie que se extiende frente a nosotros está decorada con estas rocas de curioso aspecto, y en medio de ellas existen numerosas casas de quienes ahí habitan. En una oficina de la Secretaría de Agricultura y Recursos Hidráulicos nos informaron de los lugares más interesantes en este rin-

En repetidas ocasiones, el visitante de Majalca, tiene que atravesar el seco cauce del río a veces por pintorescos puentes colgantes.

La piedra es en Majalca el material usado por la naturaleza para manifestar, su espíritu escultórico. Las formaciones, algunas gigantescas, sorprenden con sus caprichos creativos, anticipando las formas de seres aún no creados, de sueños biológicos fantásticos.

cón. Primero vamos en auto hacia todos los sitios factibles de ser visitados en esta forma, y después a pie hacemos una detenida visita a tan singular región montañosa de Chihuahua.

E l Parque Nacional "Cumbres de Majalcá" recuerda, por su configuración, al paraje llamado "Cañada Grande", en el Estado de Guanajuato, y al Valle de las Piedras Encimadas del Estado de Puebla. También nos vino a la memoria la sorprendente imágen de San Francisco de los Organos, en el Estado de Zacatecas. Pero es obvio que cada uno de los sitios mencionados tiene características peculiares, que lo hacen único en su tipo. Aquí en Majalca existen extraños amontonamientos de bloques graníticos, a los que la erosión les ha dado formas que, de cierta manera, recuerdan a personas, a animales y cosas (guardando con ello semejanza con otros lugares parecidos en otros con-

tinentes, en donde a estos accidentes geográficos se les suele bautizar con nombres que son fruto de la imaginación de quienes lo han contemplado.

Algunos dan la impresión de ser elevados a castillos feudales, o imponentes fortalezas, almenadas torres e inexpugnables bastiones; o bien ascéticos monjes en oración, o animales de gran tamaño; o bien una amplia variedad de seres u objetos en este prodigioso bosque de piedra, que tan poderosamente llama la atención del paseante. Existen en este lugar de Chihuahua gigantescos conjuntos de torres y colosales columnas con profundas estrías, producto seguramente del erosivo efecto del calor, el viento, el agua, y el frío. Sin tener la referencia geológica exacta para hacer la cabal descripción de Majalca podíamos aventurar que en estrecho parecido con otros sitios semejantes en diversos lugares del globo terráqueo, las rocas incandescentes fueron expulsadas por las volcánicas chimeneas para luego sufrir intensas transfor-

Cuando programe su viaje a Majalca, no olvide prever el tiempo necesario para visitar en la capital el famoso Museo Regional de la Universidad Autónoma de Chihuahua. Su edificio es una maravilla arquitectónica de dimensiones palaciegas, la famosa Quinta Gameros, perfecto exponente del más refinado "Art Noveau". Fue construida por el arquitecto colombiano Julio Corredor Latorres para el rico minero Manuel Gameros. De este palacio, característico del estilo neoclásico francés del Segundo Imperio, ha dicho el estudioso Francisco de la Maza "Obra arquitectónica de primerísimo orden... la mejor casa estilo Art Noveau que se construyera posiblemente en toda América". La Quinta Gameros, ocupa una superficie de mil metros cuadrados, su fachada principal lleva una asombrosa ornamentación en cantera, que no deja de producir asombro por su incomparable riqueza. Hay al frente una doble escalera que conduce al pórtico y al vestíbulo iluminado por tragaluces que brindan un agradable efecto visual Sorprenden la calidad notable de la ebanistería arquitectónica del rico mobiliario y a la vez cuidada herrería. Además de los tesoros del constructor hay en este singular museo tres importantes salas. Una dedicada al arte Paquimé, notable colección de cerámicas del año 1000 de nuestra era. La segunda de las salas, dedicada a los Mormones, permite conocer los detalles de este grupo místico creado por Joseph Smith en 1830 y que tuvo en este estado un importante arraigo. La tercera de estas salas está dedicada a los Menonitas, austeros religiosos de notable arraigo en este siglo. En el viaje a Majalca, no olvide a Chihuahua y su museo, valen la pena.

maciones al paso de los milenios, lo que nos habla de las violentas convulsiones telúricas del planeta Tierra.

Existe en Majalca un agradable sitio, y es el cauce seco de un arroyo flanqueado por estas caprichosas formaciones. En automóvil se recorre una distancia de casi tres kilómetros hasta el punto llamado "Las Hadas".

En un lugar bastante apropiado para acampar, ya que cuenta con servicio de sanitarios y mesas de piedra para los que gusten de pernoctar en tan primorosos lugares. Un poco más allá el camino de terracería sube a un mirador, que permite contemplar una espléndida vista del entorno forestal.

La belleza incomprable de Majalca, está en su vegetación, caprichosa como su misma orografía, talentosa en creatividad singular en especies exóticas, que parecen nacer de la misma roca.

El agua es en Majalca un prodigio, los pequeños ojos, los tímidos hilos de sus fuentes bastan para nutrir un pequeño mini bosque en donde se aprietan majestuosos árboles y arbustos exóticos en pequeñas y refrescantes sombras entre los altivos riscos.

El Parque Nacional "Cumbres de Majalca" es un incomparable rincón de la serranía de Chihuahua, al que fácilmente se tiene acceso en auto. Visitar este parque, de tan fantásticas formaciones rocosas, constituye grata vivencia que permite admirar una región que debe ser cada día mejor conocida por quienes gustan de admirar sitios de insólita hermosura.

43

LA ESPECTACULAR CARRETERA DE DURANGO A MAZATLAN

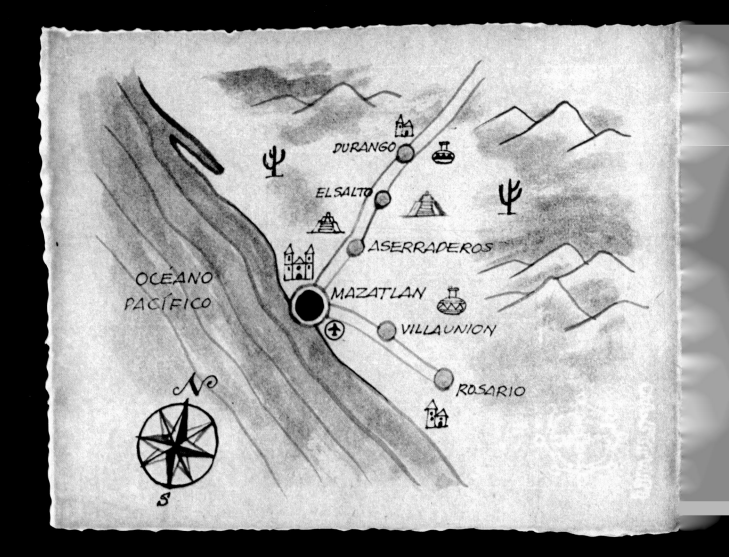

Una jornada de panorámicas bellezas, cambiantes climas y pintorescos paisajes se brindan al viajero que acepte el reto de subir a su automóvil y recorer los 318 kilómetros que separan las dos bellas ciudades. Una fina cinta de asfalto perfectamente trazado y señalizado le permitirán una experiencia reconfortante y un placer estético inigualable.

Cuenta la leyenda que estando una vez Hernán Cortés ante la presencia del monarca español Carlos I de España (mejor conocido en la historia de México como Carlos V, por ser el quinto rey de Alemania que llevara este nombre), aquél cuyos dominios en América y en Asia, amén de muchos otros en Europa— eran tan amplios que en nunca se ponía el sol, éste le pregunt el aspecto físico del país que el audaz quistador extremeño había dominado fuerza de las armas, y de una audacia tucia increíbles, Cortés, tomando un do cortinaje, de color verde, lo coloc bre una mesa y lo arrugó para forma finidad de pliegues, al tiempo que le d "¡Así es México, Majestad!". Con ello ría darle a entender la existencia de un presionante geografía, ya que, práctica te por doquier, a todo lo largo y lo anch territorio nacional abundan las escarp serranías y proliferan los profundos y

Mazatlán es un lugar de destino de
incomparable belleza y
digno premio al esforzado automovilista
que llega desde Durango
tras un largo y reconfortante viaje por
mil y un parajes.
Existen en Mazatlán dos incomparables
museos que deben ser
visitados, ellos son:
El acuario y el Museo de Conchas
y Caracoles.
En la Avenida de Los Deportes, muy cerca
de la avenida del Mar
—el boulevard costero— se ubica el
Acuario de Mazatlán.
En una superficie de más de dos
hectáreas, se edificó este
moderno museo viviente que desde 1980
tiene en exhibición más de
doscientas especies de los animales
marinos más curiosos
del mundo.
A la entrada hay una colosal pecera,
ocupada por ocho
formidables tiburones, en hábitat
artificial de ciento veinticinco
mil litros de capacidad y con paredes de
ocho centímetros de espesor.
Dividido en seis secciones diferentes,
tres de ellas dedicadas
al ambiente marino, una a las especies
de agua dulce, un museo,
y la última para exposiciones especiales.
Este moderno acuario permite
al viajero un rápido y efectivo contacto
con la notable riqueza de nuestros
mares y maravillas de la vida tropical
que merecen ser conocidas.
El otro Museo de Mazatlán, es sin duda
algo único y reconfortante,
se trata de una de las más completas
colecciones de conchas
del mundo.
Se encuentra en la Avenida Gaviotas.
Su origen es la colección privada
de la señora Lupita Carreón de Quinn, quien ha
realizado con su propio esfuerzo
un auténtico centro de divulgación no sólo
del conocimiento de estas
especies sino también de su aplicación en
la variada artesanía nacional
Mazatlán, punto de destino de este viaje
incomparable está llena de
bellas sorpresas, tipismo y el exotismo
embriagador de la costa del Pacífico.

que configuran panorámicas de impresionante hermosura. Aquí contamos con escenarios en los cuales la naturaleza, como si fuera la portentosa creación de un alucinado escultor, fue formando paisajes de los cuales podría afirmarse que son de indescriptible belleza.

Durango —la perla del Guadiana, es una bellísima ciudad que merece visitarse con detenimiento.
Le recomendamos especialmente recorrer el Parque Guadiana, un oasis de verdor, entre añosos eucaliptos, en donde podrá encontrar disfrutando a todo el pueblo de Durango.
La carretera, al dejar Durango atrás serpentea por paisajes serranos, en donde actualmente hay fraccionamientos y residencias campestres que funden sus jardines con la belleza del paisaje.

D e las varias cadenas montañosas que existen en México destaca como una de las más extensas la Sierra Madre Occidental. Se inicia a cincuenta kilómetros al sur del límite internacional con los Estados Unidos, y termina en el Río Santiago, después de recorrer 1.250 kilómetros de nor-noroeste a sursureste. La anchura promedio de este dilatadísimo macizo montañoso es de 150 kilómetros, y la altura media llega a los 2.250 metros sobre el nivel del mar. Finalmente diremos que la Sierra Madre Occidental recibe diversos nombres, de acuerdo a las diferentes localidades que atraviesa.

Como es del conocimiento público, la carretera de 318 kilómetros que enlaza las ciudades de Durango, la capital de la entidad homónima, y el puerto de Mazatlán, una de las ciudades más atractivas del Estado de Sinaloa, es una de las más espectaculares que pueden contemplarse en México —donde es muy frecuente recorrer cintas asfálticas que bordean profundos acantilados y descienden hasta las barrancas más impresionantes—, pues para cruzar la tortuosa y complicada geografía de la Sierra Madre Occidental el camino pavimentado fue construido, a un crecido costo, tras de vencer las ingentes dificultades, y los no escasos peligros, que presentaba esta cordillera, formada por una interminable sucesión de repliegues montañosos, que obligaron a los técnicos a estrenar su habilidad y su pericia para superar los mil y un obstáculos y concluir esta vía, que permite unir el Golfo de México con el Océano Pacífico.

E fectivamente, esta carretera atraviesa la República Mexicana desde Matamoros hasta Mazatlán, y fue el tramo de Durango a Mazatlán el que puso en servicio el entonces presidente Adolfo López Mateos, en 1960, en ocasión de conmemorar el cincuentenario de la Revolución Mexicana. En una placa de gran tamaño, colocada en el kilómetro 157 —contada la distancia desde la ciudad de Durango—, leemos que la inversión realizada entre los años 1941 y 1958 fue del orden de los 106.941.000 pesos, mientras que el costo de los trabajos efectuados entre 1959 y 1960 ascendió a 45.558.000. En total se requirieron 152.699.000 pesos para poner en funcionamiento esta carretera, actualmente tan transitada, lo mismo por los camiones cargueros que por los paseantes que gustan

de admirar el formidable prodigio de la naturaleza, que fuera domeñada gracias a la tenacidad y laborioso trabajo de los técnicos camineros de México.

Después de visitar la ciudad de Durango, llamada "La Perla del Guadiana", que encierra numerosos sitios de interés para el paseante, salimos rumbo a Mazatlán. Seguimos la avenida 20 de Noviembre que lleva al Parque Guadiana, un oasis de verdor y de altos

un rincón de gran belleza escénica, donde construyeron unas cabañas ("1010"), que se rentan a quienes gustan de descansar en la placidez de estos elevados lugares.

Dejamos atrás "El Salto" y poco después llegamos a "Mexiquillo", tras de pasar por un villorrio denominado "La Ciudad". En este punto hemos recorrido 142 kilómetros desde Durango y la distancia que hay a Mazatlán es de 178 kilómetros. "Mexiquillo" es una minúscula población con un enorme aserradero (del cual fuimos informados que ocasiona severa contaminación ambiental con sus desechos industriales), y a corta distancia del mismo contemplamos un escenario de caprichosas formas pétreas, que

Ya a 15 Km. de Durango comienzan los pequeños pueblos de colorido paisaje. El primero de ellos. El Salto, dedicado por entero a la producción maderera, se encuentra en un escenario de caprichosas formas pétreas.
Una pequeña y refrescante cascada pocos kilómetros más adelante, le brindarán la posibilidad de un refresco natural y gratificante en su estanque natural.
El punto más interesante de la ruta lo constituye el llamado "Espinazo del Diablo" un curiosos tramo de carretera de unos ocho kilómetros, que enlaza dos cordilleras. Ambos lados de la cinta asfáltica los barrancos de impresionantes dimensiones dan al viajero la vertiginosa sensación de volar.

eucaliptos a cuya visita son tan adictos los duranguenses. La carretera serpentea por paisajes serranos, en donde actualmente hay fraccionamientos y residencias campestres en tan preciosos parajes.

Más tarde llegamos a una pequeña población llamada "El Salto", de 15 mil habitantes, en cuyos alrededores proliferan los aserraderos, debido a la gran riqueza silvícola de esta región. A corta distancia una brecha de terracería conduce a

por doquier se extiende ante nuestros ojos. En las proximidades de este singular escenario, donde la erosión eólica ha creado la magnificencia rocosa de estas fantásticas figuras a las que cada visitante puede hallarles semejanzas con animales u otros objetos, corre un tranquilo arroyuelo que al precipitarse en abanico forma una hermosa cascada de aproximadamente veinte metros de altura, dando origen a un estanque (en el cual hace algunos años solían irse a bañar los lugareños) frontero a un imponente cañón.

Casi a la mitad del camino se localiza el punto llamado "El Espinazo del Diablo", que es un tramo de carretera, de unos ocho kilómetros, que enlaza dos cordilleras. A ambos lados de la cinta asfáltica el panorama es impresionante, ya que estas barrancas parecen estar cortadas a plomo y en ocasiones alcanzan los quinientos metros. Al inicio de este sorprendente camino es donde está la placa que alude a la terminación, a fines de 1960, de esta carretera. En este sitio la altitud, sobre el nivel del mar, es de 1.170 metros.

El límite de ambas entidades —Durango y Sinaloa— se localiza en el kilómetro 298, desde Durango. Veintidós kilómetros adelante está el poblado de Santa Lucía, y no lejos del mismo vemos un pequeño monumento —que representa el globo terráqueo— para señalar el Trópico de Cáncer. A 84 kilómetros de Mazatlán se llega a un pequeño hotel ("Villa Blanca"), propiedad de unos alemanes quienes han transformado, positivamente, el lugar. Hay un agradable restaurante con especialidades gastronómicas de aquel país, sin olvidarse de la cocina mexicana, atinadamente preparada.

Concordia es una ciudad que dista 44 kilómetros de Mazatlán, a la cual llegamos tras de cruzar tres vados (no nos explicamos el por qué no se construyeron en esos lugares los puentes que permitieran atravesar el río con seguridad y facilidad, sobre todo en época de crecidas de esos ríos). Un poco más adelante —cuando la distancia Mazatlán se ha acortado veinticuatro kilómetros— arribamos a "La Unión", habiendo cruzado el río Presidio. La carretera se bifurca en este sitio; una continúa a Mazatlán y la otra es la costera occidental, que lleva a Tepie.

Habiendo salido de Durango a las 09:35 horas llegamos a Mazatlán casi al oscurecer, disfrutando de una bellísima puesta de sol. Recorrimos trescientos dieciocho kilómetros, más las desviaciones hacia "Las Cabañas 1010" y Mexiquillo. Conviene tener presente que para efectuar este recorrido hay que programar un viaje de unas ocho horas, en virtud de que son muchos los atractivos que se admiran en todo momento, y que, además, esta carretera obliga a que los automovilistas conduzcan sus vehículos con toda precaución, sobre todo en los tramos de las altas serranías en donde es muy frecuente encontrar espesa neblina que hace necesario el reducir la velocidad de marcha.

Son muchos quienes opinan que esta carretera es una de las más hermosas, escénicamente hablando, en todo el mundo. Los paisajes cobran incomparable belleza a todo lo largo del camino, ya que las perspectivas que se tienen, momento a momento, difícilmente pueden encontrarse en otros lugares. Por ello le sugerimos que en cuanto usted pueda recorra esta carretera. Estamos seguros que sentirá la satisfacción de haber contemplado una parte de México como pocas puede haber similares.

CHICOMOZTOC Y CHALCHIHUITES

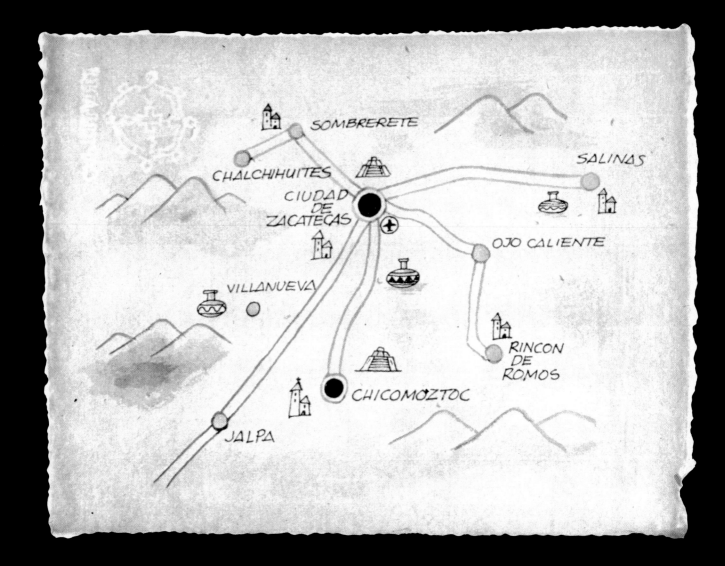

A pocos kilómetros de la Ciudad de
Zacatecas, se encuentran
dos yacimientos que aunque poco
conocidos son de gran interés para el
amante de las maravillas arqueológicas de
México. Chicomoztoc, más conocido por la
Quemada es uno de los yacimientos previos
al Imperio de Tenochtitlan de más interés
para los historiadores.

Zacatecas es una entidad que de
unos años a la fecha, a lo mucho
cinco viene cobrando, gradual y
paulatinamente, acentuado renombre entre
los viajeros, ya que se ha tornado agradable destino vacacional por los múltiples
atractivos que encierra. La capital, también
llamada Zacateca cuenta con numersosos

hoteles, de diversas categorías. Hay varios
museos muy interesantes, entre los que
ahora enumeramos el que lleva el nombre
de Pedro Coronel, el denominado Francisco Goitia y el del exconvento franciscano de
Guadalupe, población ahora unida a la capital por una magnífica autopista.
Ahora vamos a enfocar nuestra atención a
un aspecto que juzgamos poco conocido
del Estado de Zacatecas; sus sitios arqueológicos, ya que hasta ahora han recibido escasa promoción, y a juicio nuestro constituyen lugares de indudable interés turístico, especialmente para quienes gustan de

ploraciones a los conquistadores españoles arrasaron e incendiaron este centro comercial, cuyas ruinas aquí se contemplan, edificado por los indios zacatecos.

El nombre de este sitio es motivo de no bien finiquitadas controversias entre los especialistas. Para unos ahí floreció Chicomóztoc, y así anota el arqueólogo Eduardo Noguera que "no son pocos los historiadores que opinan en este sentido." Esta es la creencia general entre los habitantes de la localidad para quienes se trata del propio lugar de descanso de las tribus en su inmigración hacia el sur.

La palabra Chicomóztoc deriva de las raíces nahuas Chicome: siete u óztotl; nueva. Y es la denominación del mítico paraje en el cual se avencindaron los mexicas durante su peregrinación, desde la legendaria Aztlán hasta Tenochtitlán. Se dice que las otras seis tribus (xochimilcas, colhuas, tlahuicas, tepanecas, tlaxcaltecas y chalqueses) continuaron adelante con su viaje, y sólo permanecieron ahí los mexicanos. Los códices del Padre Durán y de Ramírez asientan que después de un penoso recorrido desde Aztlán, los mexicas fundaron su primera ciudad de Chicomóztoc, la cual fue representada en los códices por siete cuevas.

Entre las zonas arqueológicas de zacatecas vamos a ocuparnos de dos de las más importantes: "La Quemada" y "Chalchihuites", de las que aún los propios arqueólogos no han conseguido dilucidar numerosas incógnitas que entraña el conocimiento de dichas ciudades prehispánicas.

"La Quemada" se localiza a unos sesenta kilómetros de la capital zacatecana, rumbo al sur. La carretera número 54, que enlaza la ciudad de Zacatecas con la población de Villanueva, nos lleva a seis kilómetros adelante hasta la zona arqueológica, a la cual llegamos fácilmente en automóvil. El nombre de "La Quemada" designa, así mismo, a una hacienda sita a dos kilómetros.

Chicomoztoc, es el místico nombre del paraje donde —según la leyenda— se detuvieron los aztecas durante su mística peregrinación desde Aztlán hasta su nuevo asentamiento en Tenochtitlan.
Dice la tradición azteca que las siete tribus salieron del norte de la ciudad de sus mayores y recorriendo desiertos y valles en una peregrinación casi bíblica, llegaron al lugar llamado Chicome (siete)— Óztotl (nueva) en donde una de las tribus construyó templos y se afincó definitivamente mientras las otras seis tribus seguían su camino hacia la tierra prometida.
Los arqueólogos no se terminan de poner de acuerdo sobre el hecho de que el yacimiento de la finca "La Quemada" es o no en realidad la célebre ciudad de los mexica, representada en sus códices por las siete cuevas.

E. Noguera afirma que el nombre antiguo y verdadero de esta ciudad en ruinas no es conocido con certeza, ya que el actual, o sea "La Quemada", le viene de la hacienda en cuyos terrenos se halla situada, poco después de la caída de Tenochtitlan. En los alrededores llaman Cerro de los Edificios y Chicomóztoc a este lugar.

Manuel Gamio, por su parte, señaló que este sitio fue residencia de una cultura de transición entre Aridoamérica, al norte, y Mesoamérica al sur. Este arqueólogo juzga que la ciudad prehispánica que nos ocupa floreció entre los años 900 y 1200 de nuestra era.

Chalchihuites. Derivado del náhuatl Chalchihuitl, que significa "Jade" la piedra sagrada dedicada al Dios del Agua, presenta dos curiosas construcciones contiguas, la Pirámide del Sol y la de La Luna.

Izquierda. "La Pirámide Votiva", monumento que durante muchos años tuvo en suspenso a los arqueólogos ante la posibilidad de haber descubierto un monumento único en México.

Finalmente, y por lo que a la historia de esta zona concierne, diremos que en la documentada Enciclopeda de México se asienta que este centro prehispánico sirvió de fortaleza para frenar la penetración de las tribus nómadas del noroeste del país hacia Mesoamérica. Quizá fue construida por los teotihuacanos, según puede suponerse por las estructuras de adobe que se encuentran por debajo de las actuales de argamasa y piedra. Su nombre real el Tuitlán, o Teutlán, o Teul, segun aparece en la Crónica del Padre Tello.

La zona arqueológica se encuentra en la cumbre de un cerro, que está aislado en medio del valle, al que se conoce con los nombres de "La Quemada" y Chicomóztoc. El cerro es de forma alargada, y mide aproximadamente un kilómetro de norte a sur. En el extremo meridional se localizan los monumentos de mayor interés, mientras que hacia el lado septentrional se acentúa considerablemente la altura de la cumbre rocosa. Por su ubicación y tipo de construcción es indudable que este lugar era una inexpugnable fortaleza, ya que "casi todo el cerro –afirma Noguera– está constituido por altos e inaccesibles acantilados, y aquellas partes que carecían de defensa natural, bien por ser menos acentuada la inclinación del cerro o bien por ofrecerse rocas fáciles de escalar, se hallaban provistas de una gruesa muralla de tres metros de espesor."

En esta ciudad prehispánica llaman poderosamente la atención varios edificios. En la parte más baja del cerro, muy cerca del lugar que sirve como estacionamiento para los vehículos de los visitantes, contemplamos el llamado Salón de las Columas, al que así mismo se le dió el nombre de "La Catedral", por suponérsele recinto para las ceremonias religiosas de aquellas gentes que habitaron este poblado. Este salón es de forma rectangular, y está cerrado por el sur y el oeste con muros de sesenta metros de largo por un lado y de sesenta y cuatro metros por el otro. En el interior existen doce columnas cilíndricas cuyo diámetro es de 1.30 metros y su altura de 5.20 metros. Por sus dimensiones, y por el hecho de la presencia de las mencionadas columnas, es de suponerse que era uno de los lugares de mayor importancia para ese pueblo.

Los arqueólogos han llamado. "La Pirámide Votiva" a una construcción piramidal que se tuvo por única en el horizonte mesoamericano hasta antes de explorar cabalmente la zona arqueológica que nos ocupa. Se llegó a pensar que fuese muy diferente de muchas otras pirámides existentes en nuestro país, puesto que se trataba de edificios que servían de base a un templo, generalmente, y en "La Quemada" dicha pirámide parecía ser un edificio único. Al continuar las obras de reconstrucción, se descubrieron en la parte inferior varios escalones, lo que permite a los expertos asegurar que se trata de una pirámide, como las restantes existentes en México.

Aquí en "La Quemada" el visitante puede observar numerosas construcciones, en los diferentes niveles de la zona arqueológica. Hay varias pirámides de pequeño tamaño, diversos salones, extensas terrazas y escalinatas que conducen a los principales sitios. Lo recomendable es que las personas que recorran esta formidable ciudad ahora en ruinas se lleguen a todos los puntos de la misma, ya que sólo así se puede contemplar, desde diversos puntos, todos y cada uno de los edificios. Especialmente la vista del Salón de las Columnas y de la "Pirámide Votiva", que desde la parte más alta del cerro adquiere dimensiones de gran espectacularidad.

En una crónica recientemente publicada leímos que en este cerro ceremonial han sido encontrados artefactos como hachas, metates, y la osamenta de 23 sacrificados y ocho cadáveres decapitados.

Para terminar con nuestro relato de "La Quemada", por muchos conocida con el nombre de Chicomóztoc, queremos transcribir algunos párrafos tomados de la guía oficial, publicada por el INA, de esta zona arqueológica: "La Quemada ofrece verdadero contraste con otras zonas de México. Aquí no hay nada verdaderamente artístico, pero es notable lo monumental de las obras: enormes trechos en un cerro recubiertos de muros, con grandes espacios muy bien definidos en su parte posterior. Si a esto se añade la construcción de grandes caminos que se bifurcan y se extienden en varias direcciones al pie del cerro, y cubren muchos kilómetros, se podrá reconocer que los antiguos constructores de "La Quemada" eran un pueblo de avanzada cultura".

La zona arqueológica de "Calchihuites" se localiza a unos ciento cincuenta kilómetros de la ciudad de Zacatecas, en dirección noroeste, siguiendo la carretera que conduce a Durango. Al llegar a la población de Sombretere hay una desviación con rumbo al poblado de Chalchihuites, de cuarenta y cinco kilómetros, que se recorren en aproximadamente una hora. Seis kilómetros adelante están las ruinas del mismo nombre.

Parece ser que el nombre de Chalchihuites le viene, al pueblo y a la zona arqueológica, porque antiguamente había aquí la explotación industrial de un mineral que a causa de su color, verde, era llamado "chalchihuite", designación castellanizada del voacablo náhutl Chalchihuitl, que era el jade, la piedra sagrada, consagrada al dios del agua.

Chalchihuites: Vista del salón de columnas. De impresionantes dimensiones son punto de admiración para el curiosos visitante.

En compañía del amable vigilante de la zona arqueológica, el señor Salvador Rodríguez del Instituto Nacional de Antropología e Historia, recorrimos dicho centro prehispánico. Muy cerca de donde se dejan los automóviles hay un amplio espacio cuadrangular, y ahí vemos una pirámide llamada del Sol. Un poco más arriba está la Pirámide de la Luna, de menores dimensiones. En la pirámide del Sol hay 28 columnas, colocadas en cuatro hileras de siete columnas cada una. A más de las pirámides mencionadas se han descubierto, merced a los trabajos de exploración y restauración, varias terrazas y escalinatas, que seguramente se encontraban rodeadas de diversas cámaras. Durante las excavaciones iniciales, efectuadas en 1908, fueron localizados diversos objetos, tales como hachas y mazos, así como un precioso pectoral de barro rodeado de un disco de madera.

Los viajeros que visiten el Estado de Zacatecas, que tantas bellezas de diversa índole encierra, deben incluir en su programa el recorrido de las interesantes zonas arqueológicas de "La Quemada" y Chalchihuites habrán de experimentar la grata sensación de admirar una parte muy bella del grandioso pasado de México.

Chalchihuites: Detalle de sus monumentos más antiguos, en donde el adobe requiere especiales tratamientos técnicos para su conservación.

MURALISMO
FANTASMAGORICO
EN IXMIQUILPAN

A corta distancia de la Ciudad de México
y no lejos de Pachuca, capital del
estado de Hidalgo, se ubica la pequeña
población de Ixmiquilpan, en
pleno valle del Mezquital.
Esta zona de aparente aridez, encierra
una gran concentración de balnearios
termales que como los de Pathecito son
muy apreciados para el tratamiento
de las afecciones reumáticas

En la parte sur del Estado de Hidalgo existe una zona que encierra señalados atractivos para
quien desea adentrarse en el conocimiento de las múltiples —y en gran parte
ignoradas— bellezas de nuestro país. Es el
Valle del Mezquital una región que por su
acentuada aridez suele atraer escaso número de visitantes, quienes, debido principalmente a la aparente inhospitalidad de su
clima seco estepario, se privan de conocer
y disfrutar de los diversos lugares de notable interés histórico y artístico que por estos parajes abundan, así como de un paisaje que visto en detalle cautiva por su
agreste hermosura. Este valle del Mezquital cubre una superficie de poco más de
800.000 hectáreas, y se ve rociado apenas
por una precipitación pluvial de 300 milíme-
tros por año. Allí habitan casi cien mil otomíes, en condiciones muy diferentes a las
de quienes residen en las ricas tierras de
las huasteca hidalguense, verdaderos oasis
de verdor y vegetación de gran potencial para la agricultura y la ganadería.

La población de Ixmiquilpan resulta
especialmente interesante,
fundamentalmente por su atractivo
etnológico, manifestado en
todo su esplendor en sus coloridos
y multitudinarios mercados.
La Iglesia de San Miguel Arcángel,
monumental por su fábrica y única por
sus notables pinturas es el punto
culminante de nuestra excursión que nos
trajo desde Pachuca, por parajes
de incomparable belleza y tipismo.
El núcleo indígena otomí, le confiere
un atractivo muy particular, no sólo
por sus características
sino también por las notables artesanías
que manufacturaron fundamentalmente
dentro del renglón textiles donde han
alcanzado una gran calidad. Es frecuente
encontrar en sus mercados, diversas
prendas de vestir, elaboradas aún con el
primitivo método del telar de
cintura. Así como otros objetos,
utilitarios o de adorno primorosamente
trabajados en lana o algodón en los que
se pone de manifiesto sentido ornamental
de sus cultores.

didos por la profusión de fantasmagóricas pinturas que no tienen rival, hasta donde podemos afirmarlo, en México.

El interior de la iglesia luce una esbelta bóveda de rico y polícromo encasetonado, pero en donde la imaginación de los artistas indígenas de hace más de tres siglos se desbordó exuberantemente, es en las pinturas que decoran con gran simbolismo las paredes de este templo cristiano. Ahí vemos como alternan los belicosos guerreros ricamente ataviado de caballeros ti-

Los anónimos pintores del templo de San Miguel Arcángel, plasmaron en sus muros una curiosa simbología del bien y el mal, recogiendo las tradiciones autóctonas en una original manera de interpretar la doctrina de la fe católica.
Muy poco se sabe de la técnica empleada pero su estado actual de conservación permite afirmar que se ha empleado una muy eficaz combinación del sistema de pintura al fresco europeo con la técnica azteca del esmaltado de muros.

A una distancia aproximada de 220 kilómetros de la ciudad de México (si usted viaja por la autopista a Querétaro salga a la altura de Palmillas con rumbo a Huichapan; pero si va por el camino de cuota México-Pachuca, cuyo tránsito es más nutrido, el kilometraje es menor) se localiza la ciudad de Ixmiquilpan. En esta población es muy recomendable la visita a la iglesia de San Miguel Arcángel —anexa al exconvento del mismo nombre, edificado entre 1550 y 1560 y que se tiene por obra del fraile Andrés de Mata, autor del monasterio de Actopan— donde nos quedaremos sorpren-

gres con quiméricos centauros de alucinante anatomía, que en las extremidades traseras llevan protegidos los pies —en lugar de patas propias de este tipo de cuadrúpedos— por estilizados huaraches. De la abierta boca de los guerreros indígenas, muchos de ellos suntuosamente vestidos con pieles de tigres, salen volutas que seguramente denotan las ardientes frases y violentas expresiones vertidas en el fragor del combate, y hay por doquier cabezas que han sido cercenadas de sus troncos en medio de la terrible lucha cuerpo a cuerpo. Se ven horribles monstruos, algunos de ellos abrazados con fiereza a un infeliz postrado a sus pies. No se sabe qué pensar de estas pinturas murales únicas en su tipo en México: si calificarlas de grotescas o de fantasmagóricas, fruto del desbordante talento surrealista de aquellos ignorados pintores aborígenes, que así plasmaron la visión de la caída de su pueblo –la lucha de la piedra contra el hierro, según expresión de algún historiador— ante la poderosa acometida de los conquistadores españoles.

Ahora bien, qué mejor que acudir al libro "La Mitología Clásica en el Arte Colonial de México", obra del investigador del arte Francisco de la Maza, para conocer más acerca de estos murales. Así pues, ahora transcribimos, por la valía de estos juicios estéticos, algunos párrafos de tan documentado volumen.

Su factura es admirable; su colorido,
sorprendente, pero lo más inconcebible es
que los propios religiosos
permitieron y alentaron que la Iglesia
del Convento estuviera decorada
con vibrantes escenas bélicas.

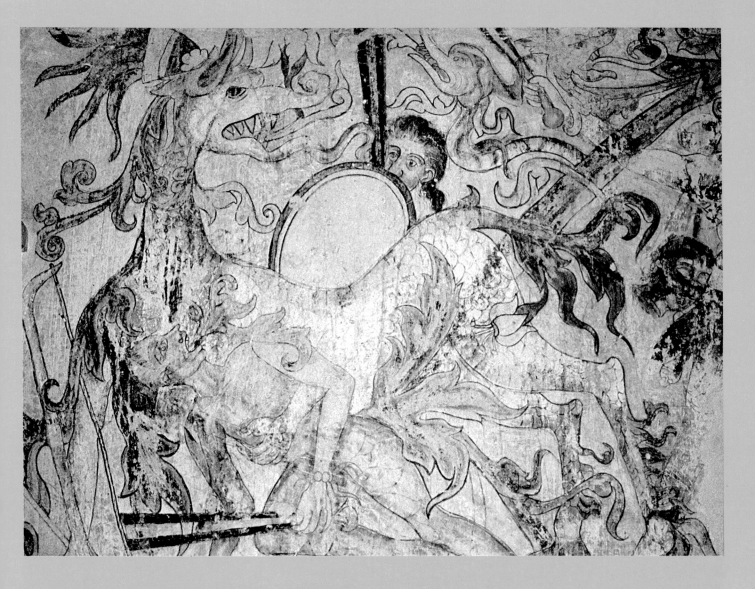

Caballeros tigres y caballeros águilas, con escudos clásicos, alternan y luchan con centauros, a modo de un códice monumental ya híbrido, en plena "transculturación", con los ancestrales elementos mediterráneos y prehispánicos. ¿Es del siglo XVI? Pero, en este caso, ¿cómo no matizar, siquiera, esas crueles escenas con motivos religiosos? ¿Qué sentido pedagógico de evangelización —afán primero y necesario de los frailes— puede tener esta continua batalla sin esperanza? ¿No es del siglo XVI, sino posterior?"

A pesar del tiempo transcurrido y sin que se tenga conocimiento de restauraciones, llama la atención el buen estado de conservación de las pinturas, su vivo colorido y la solidez del estuco que le sirve de soporte.

Y en su análisis, sesudo y sereno, Francisco de la Maza cita a otro destacado investigador: Abelardo Carrillo y Gariel, quien asienta al particular: "La primera impresión que produce esta obra es la de estar fuera de lugar en el ámbito de un templo, dado que son guerreros que combaten contra entes fantásticos... sin embargo, puede concluirse que la batalla es contra monstruos que traen a la imaginación la idea de lo maligno y seres que tal vez representen el pecado... es el indígena que lucha contra las personificaciones del mal y los violadores de la ley divina, pero sin aludir a la nueva religión... Esta visión indíge-

na del problema, está interpretada por un mundo de formas que constituye el más sorprendente mestizaje artístico que se conoce en nuestro país... entre los guerreros indígenas, armados de sus propias armas, encontramos monstruos de la mitología grecorromana, entre otros, centauros calzados con huaraches indígenas y gigantes y dragones de múltiples tentáculos... entre estos recuerdos grecorromanos más característicos se encuentra una cabeza decapitada que lleva uno de los centauros; allí, sin ningún género de duda, puede identificarse al Zeus que amontona las nubes... o al Júpiter de Otrícoli, de la Sala Redonda del Vaticano".

Como podemos darnos cuenta por las opiniones de tan distinguidas personalidades de la historia del arte nacional, estas pinturas murales de la iglesia de Ixmiquilpan constituyen un poderosísimo atractivo turístico del Estado de Hidalgo, y le sugerimos que cuando piense visitar tan fascinante lugar lleve binoculares, para que con toda comodidad contemple este espectáculo pictórico de quimérica composición, el cual, estamos seguros de ello, le habrá de parecer en extremo interesante.

Azul, ocre, tonos verdosos y trazos
negruzcos, una escasa paleta
proveniente de tierras locales,
cal y estuco, trabajados con una
técnica perfecta, han obrado el milagro
de conservar hasta nuestros días
un momento singular de la transculturación.
El instante en que los ritos
ancestrales, sus códigos de conducta,
sus valores morales y sus miedos,
entraron por la puerta grande de la
Iglesia Católica para conformar
esa manera particular que tiene el
pueblo mexicano de ser cristiano.

LAS MINIATURAS
EN EL ARTE POPULAR
DE MEXICO

ecide a visitar Ixmiquilpan y
las pinturas de su
ble Iglesia, reserve una hora
cer una visita a El Nith,
de encontrará, escondido entre
odestas casitas a los
os miniaturistas más sorprendentes
co.

Si recurrimos al Diccionario de la Real Academia Española en busca de la definición de la pa-bra miniatura hallaremos que señala "pin-tura sobre vitela —pergamino— márfil u otra superficie sutil o delicada, con colores desleídos en agua". Por otra parte, en el Dic-cionario Larousse encontramos que se tra-

ta de una palabra derivada de minio, s
tancia roja que empleaban los ilustrad
de manuscritos y que significa pintura
pequeñas dimensiones, por lo común
cha sobre marfil". Ya entrados en estas
riosidades semánticas conviene agre
que otros estudiosos de la filología afir
que la palabra en cuestión proviene d
voz francesa "mignard", cuyo significad
gracioso, bello, delicado. Y se emparent
término "mignard" con aquel antiguo vo
blo celta "min" que expresa la idea de a
pequeño. Pero, como apunta acertadam
te Mauricio Charpenel en su estupe

Llegar a El Nith es casi como no llegar
a ninguna parte, prácticamente
oculta tras los maqueyes apenas sí
sobresale del paisaje la tímida
aguja del campanario de una iglesita.
El camino casi sin consolidar
serpentea entre arbustos y casi sin
notarlo van surgiendo de la tierra unas
modestas casitas, más enramada que
vivienda.
Pregunte a la primera persona que
encuentre por la familia de
Nicolás Pedraza Corona, rápida y
soplicitamente lo guiarán
hasta la casita en donde podrá observarlo
prácticamente todo de un vistazo.
En una pequeña habitación trabaja toda
una familia uno de las artes más
curiosas de la enorme variedad de
artesanías que tapizan la geografía del
país. Se trata de delicadísimas
miniaturas, prodigiosamente taraceadas
con minúsculas piecitas de nacar que
engrandecidas en sus reflejos iridizados
forman pájaros, flores, hojas y
paisajes de ensueño en soportes leves
como suspiros.

El arte de la miniatura es en México
una de las viejas tradiciones
artesanales.
En las crónicas de la conquista se
encuentran encendidas ponderaciones de
la incomparable maestría del
indígena para realizar prodigiosas
obras de arte en mezquinas superficies.
De ello el ancestral arte plumífero
y el prodigioso trabajo de los
"tlacuilos" apenas conservado en un
puñado de códices repartidos por
las bibliotecas europeas dan acabada
muestra de talento y paciencia
sin límites.
Estos artesanos, estos verdaderos
artistas de la marquetería y
el taraceo mantienen viva la íntima
satisfacción de nuestro pueblo
de ser artistas.

trabajo titulado "Las miniaturas en el Arte Popular Mexicano"— no hay que pasar por alto la palabra "minium", que denotaba óxido de plomo, es decir el bermellón, material con el cual se acostumbraba iluminar los manuscritos antiguos, que recibían el nombre de *miniados*. El término miniar proviene del latín miniare, o sea pintar con minio.

El espacio para el trabajo es mínimo, apenas una modesta habitación donde toda la familia trabaja, desde los niños más pequeños a los más ancianos, tienen una tarea encomendada, cortar la concha de avulón que llega de Baja California, pulirla, darle forma, preparar el asiento, tallar el diminuto hueco, incrustarla, darle acabado y lustrar el conjunto, una tarea que consume en cada detalle centenares de horas de trabajo que escasamente se reflejan en el modesto precio que piden por su arte.

Hemos creído conveniente iniciar estas notas con las precedentes referencias acerca del origen de la palabra miniatura, ahora que vamos a ocuparnos de las miniaturas en las artes populares, y así diremos que cuando se habla del arte popular es frecuente que se le califique peyorativamente como artesanía. En esa dualidad de arte y artesanía, lo mismo que entre artistas y artesano, se refleja la profunda grieta que existe entre las producciones manuales altamente calificadas, merecedoras de ser exhibidas en los museos más importantes, y aquellas consideradas como curiosidades folklóricas, fruto de los grupos étnicos marginados por una civilización caótica y devoradora.

Es muy difícil establecer, con certeza y precisión, la diferencia existente entre artista y artesano. Por lo menos, los especialistas en la materia aún no están ple-

Los trabajos realizados en El Nith son incomparables, no existe en todo México una muestra de taraceo en miniatura capaz de superar el delicado acabado de estas minúsculas piezas.

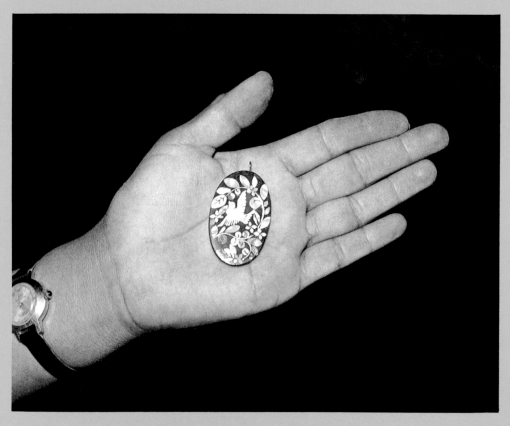

namente acordes para fundamentar opiniones y conceptos. Nosotros, por nuestra parte, consideramos válidas las ideas vertidas por Danivel F. Rubín de la Borbolla —cuyo conocimiento acerca del arte popular de México es tan amplio— en su estudio a este particular. Dice literalmente: "Lo que solemos llamar arte manual o popular, una de las primeras creaciones del hombre como ser cultural, es el resultado de un trabajo que le sirvió para sobrevivir en sus primeros y duros tiempos y para comunicarse con

El dibujo no deja de ser primitivo, simple, esquemático. Su trazo intuitivo y su planteamiento desbordante. Básicamente se suman viejos recursos estéticos que han tenido un largo arraigo en las culturas otomíes, y que hoy admiramos en sus variadas manifestaciones artísticas, especialmente en sus realizaciones textiles muchas de las cuales tienen como asiento

Cuentan que un turista norteamericano, admirado por el trabajo de un artesano que estaba tallando una filigranada mesa de madera le preguntó el precio, el artesano le contestó que —mil pesos— entonces el turista pensando en hacer negocio de sus vacaciones le preguntó el precio por una partida de cien mesas iguales a lo que el artista tras una breve reflexión contestó —milquinientos pesos cada una— Sorprendido y azorado al no coincidir el precio con su estimación de la producción en cadena, reincidió las tratativas a partir de la unidad ¿Una —mil pesos— y ciento cincuenta? otra nueva reflexión y su respuesta —mil setecientos pesos cada una—. El turista asombrado preguntó entonces ¿Por qué? y el artesano sin perturbar su cara con un solo gesto le contestó —¡muy aburrido!

los otros hombres. En nuestro mundo actual, dominado por una incontrolada producción masiva industrial y una ciega comercialización que ha cosificado al hombre, existe una angustiosa búsqueda de valores artísticos y filosóficos que restablezcan el

el ancestral tejido en telares de cintura, distinguimos dos tipos de hojas, la pequeña y la grande, nervada la primera y festoneada la segunda, y dos tipos de volutas curiosamente similares a las que los "tlacuilos" aztecas usaban en sus ideogramas para representar el habla, el humo y el viento y otra lanceolada que recuerda el cuchillo (nombre del día) de los códices. Las flores de dos tipos pueden tener 6 pétalos las grandes y cuatro las pequeñas. El pájaro puede estar representado de perfil o en actitud de comienzo de vuelo. Lo curioso de este dibujo es que aunque plano adquiere por magia de la irizada concha de avulón una perspectiva aerea incomparable, sorprendiendo al estudioso del arte popular mexicano por esa extraordinaria condición natural del artista de esta tierra, para encerrar el aire en un juego de ingenuidad pictórica.

La pieza de mayor valor es el trofeo.
Se trata de una pequeña copa,
en donde se abren innumerables puertitas
y en cuyo interior se encuentran
prodigiosas miniaturas de
instrumentos musicales a su vez
ricamente taraceados en nácar.

sentido y la orientación del quehacer humano. Y en esto, el arte popular y el artesano que lo produce tienen una particular e indisputable importancia.

Es éste quien le da dimensiones humanas a la materia prima que usa. Su capacidad creadora y sus experiencias tecnológicas y artísticas generan valores singulares que la máquina jamás podrá suplantar ni substituir dentro del proceso cultural''. En estas frases queda definida la notable valía, la induda-

ble importancia que en la sociedad contemporánea tienen esas preciosas creaciones (fruto de anónimos artistas, lo mismo de México que de China, Japón o la India, por sólo citar ahora tres relevantes ejemplos, cuyas manufacturas han motivado admiración en todo el orbe), denominadas genéricamente artesanías, que son las magistrales expresiones plásticas con que el pueblo pone de manifiesto su sensibilidad y su talento artístico.

Enfocando nuestra atención en el arte popular de las miniaturas encontraremos que en nuestro país se elaboran preciosas miniaturas —no exclusivamente pinturas de exiguas dimensiones— en los más variados materiales, como barro, cuero, madera, plomo, plata, vidrio, oro, hueso, porcela-

Los artesanos de "El Nith" han sabido conservar un arte, la pintura de un pueblo, con una nueva faceta de singulares reminiscencias medievales, el taraceado en nácar, arte de gran arraigo en las culturas almorávides del norte de Africa y hermana menor del damasquinado con oro de la baja Edad Media.

na, palma, pluma, chicle, cera y dulce, sustancias éstas con las que expertos artesanos hacen singulares piezas de gran valor plástico.

Pero de todas estas obras de arte las las mejores, las más finas y perfectas son aquellas que se elaboran en el Valle del Mezquital, en el Estado de Hidalgo. En las inmediaciones de la población de Ixmiquilpan, cuyas artesanías en textiles son de una calidad admirable, se halla el villorrio llamado El Nith. En este lugar Nicolás Pedraza Corona y su familia producen verdaderas maravillas en miniaturas. Su pieza más acabada es el "trofeo", una copa de madera que luce increíbles incrustaciones de concha de abulón y en cuyo interior admiramos pequeñísimos instrumentos musicales, también bellamente taraceados como el "trofeo" que los contiene. Con minúsculos fragmentos de concha de abulón, esta familia de artesanos da forma a flores, aves y hojas que luego engalanan formidables creaciones de marquetería, de una calidad plástica extraordinaria.

Si bien algunos investigadores se duelen del lamentable abandono en que se encuentra esta faceta artesanal, nosotros somos de la opinión que con artistas como Nicolás Pedraza Corona esta actividad creativa ha alcanzado sus niveles más altos de plasticidad y belleza.

NIEVE EN EL TROPICO

La nieve tan escasa y tan lejos en una tierra caliente y de generoso sol, ha sido durante siglos motivo de admiración para el pueblo. Ya los aztecas tenían en el Popocatepetl un punto de mira para interpretar el caprichoso humor de sus dioses.

¿Sabía usted que el Popocatépetl, uno de los majestuosos guardianes nevados de este mal llamado Valle de México, fue durante algún tiempo propiedad privada, en donde su dueño explotaba la abundante riqueza azufrera de su profundo cráter? De igual manera, ¿sabía usted que este volcán, que constituye la segunda altura de la República Mexicana, sufrió una vez el devastador efecto de una explosión de dinamita en su cráter?

En efecto, muchas son las historias, plenas de colorido y fantasía, que la "montaña que humea" —tal es su significado en la lengua náhuatl— podría relatarnos. Testigo impávido de nuestra historia, el Popocatéptl ha contemplado los acontecimientos más relevantes de la Nación Mexicana.

De aquella primera ascensión de Diego de Ordaz, en el año de 1519, cuando los conquistadores españoles estaban aposentados en la Ciudad de Cholula, tuvo lugar una erupción de esta montaña (hecho que los cronistas indígenas consignaron en sus códices). que produjo gran admiración a Hernán Cortés y a sus acompañantes.

Dice el cronista Cervantes de Salazar, que siendo desde Cholula un muy alto monte, cuya cumbre, como el monte de Sicilia —Etna— humeaba y lanzaba grandes cantidades de ceniza. Cortés les habló a sus soldados de la siguientes manera: "Bien será, caballeros, que pues tan cerca tenemos aquel monte tan alto y tan extraño en su manera, que algunos de nosotros subiésemos a él; así porque me parece que pues hay humo y muchas veces aparece fuego, que debe haber piedra de azúfre de que poder hacer pólvora cuando la que traemos se acabase; como para que estos indios, que tanto nos encarecen la aspereza y dificultad de su subida, entiendan lo que a ellos es imposible, a nosotros nos es fácil".

1554, hubo una erupción del Popocatépetl. La actividad fumarólica de esta cumbre, motivaba inquietud y temor entre los antiguos pobladores de México, ya que suponían que sus dioses manifestaban de esta manera su desagrado y cólera.

Una vez caídan la Gran Tenochtitlan, Cortés requirió de una mayor cantidad de pólvora para conquistar otros pueblos, y recordándose que Montaño, —uno de sus hombres— al-

Vista aérea del Pico de Orizaba con el recortado perfil de su imponente cráter.

Con este fin envió a Diego de Ordaz, a quien acompañaron nueve españoles y un gran número de indígenas, a que ascendiera la montaña que se recortaba airosa y soberbia, en la azul lejanía de Anáhuac. Ordaz no alcancó la cima, pero la gesta emprendida nimbó de gran prestigio su persona.

Pero ya anterior a esa fecha, el pueblo azteca guardaba memoria de otra erupción del Popocatépetl. El historiador Fernando Alvarado Tezozomoc consigna que el año E-áctl-xihuitl (1368) comenzó a humear el volcán. A este particular Orozco y Berra señala que a los 31 años de la fundación de la Gran Tenochtilan, o sea hacia el año de

guna vez le dijo que eél había subido a Pico de Teide, en la isla de Tenerife (a cuyo cráter los guanches llamaban Echeyda, que significa infierno), le pidió que fuera acompañado por su compañero Meza y extrajera azufre del cráter para hacer pólvora.

Las añosas crónicas nos dicen, que quizá en el año 1522, Montaño y Meza, junto con tres españoles y muchísimos indios que les asistían, fueron al Popocatépetl. Llegado tras titánicos esfuerzos a la orilla del cráter echaron suertes para ver quién entraba a la chimenea y tocóle a Montaño meterse a un canasto en el que fue descendiendo a "70 u 80 brazas" —registran los relatos", llevando consigo varios costales forrados con

Majestuoso, altivo, el Pico de Crizaba, ostenta con orgullo la sólida corona del pico más alto de México con sus 5.750 m de altitud.

cuero de venado. Al ser izado Montaño, había extraído ocho arrobas y media de azufre (casi cien kilos). Luego otro de sus compañeros descendió al cráter y pudo recoger cuatro arrobas más. Con esta cantidad consideraron cumplida su misión y retornaron donde se encontraba Cortés, quien los felicitó y elogió por su audaz empresa. De ésta, para su tiempo, temeraria hazaña, Humboldt opinó que Montaño no había descendido al cráter mismo, sino que extrajo el azufre del alguna grieta lateral de la volcánica chimenea.

Desde aquella ascensión de Montaño y Meza, no se registraron nuevas ascensiones. Hubieron de pasar poco más de tres siglos para que se verificaran otras.

En el año 1837 hubo dos expediciones, otra en 1833 y una más en 1834. Para 1836 un sabio alemán, el Barón de Gross llegó al cráter y corroboró los informes de Humboldt, quien, si bien no lo escaló, efectúo diversas observaciones científicas de esta cumbre nevada desde San Nicolas de los Ranchos. Cuatro años después el geólogo Andrés del Río alcanzó el cráter y al publicar sus obras ratificó las opiniones del Barón de Gross y de Humboldt, ocupándose también de las solfataras del Popocatépetl.

Para 1985 el Secretario de Guerra y Marina de México, nombró una comisión científica para que, escalando la montaña, analizara las solfatras y dictaminara acerca de la posibilidad comercial, que en el renglón del azufre, encerraba. En aquel informe describe minuciosamente al Popocatépetl y se le compara con el Etna de Sicilia, señalándose la riqueza azufrera "de gran utilidad para el mundo industrial". Además, juzgaban los autores del dictamen, que era imposible que pudieran ser agotados los depósitos de azúfre, a causa de su renovación diaria.

El conocimiento de las posibilidades de explotación del Popocatépetl fue seguramente la causa que motivó a que el General Gaspar Sánchez Ochoa adquiriera los terrenos donde esta cumbre nevada se levantaba. En efecto, en un informe dado por ese militar en el mes de enero de 1897, se ostenta como propietario de la Hacienda de Tlamacas y de la montaña ahí ubicada.

(A propósito de estas compra-ventas que se antojan increíbles, recuérdese que el año de 1894 Edward Thompson compró, en operación efectuada ante Notario Público, la Hacienda de Chichén-Itzá en 200 pesos. Las bellísimas construcciones que hoy en día se admiran en ese sitio; la Pirámide del Adivino, el Cenote Sagrado, el Templo de las Mil Columnas, y, varias otras edificaciones de la soberbia cultura Maya eran propiedad particular del cónsul norteamericano en Mérida. Pero esto es harina de otro costal, por lo que volvemos a nuestra hisotria del Popocatépetl y su "dueño").

El General Gaspar Sánchez Ochoa efectuaba una explotación en pequeña escala.

Las dos montañas más sagradas del nutrido Panteón Azteca. Mudos testigos de la llegada de los Mexica, su gloria y su fin.

El azufre extraído del cráter, a donde se introducían en malacate, era llevado hasta la Hacienda de Tlamacas, al pie de la montaña, donde se beneficiaba, para conseguir su pureza o sublimación. De ahí era transportado al pueblo de Amecameca y luego a la ciudad de México. Para facilitar tan lenta y penosa jornada, el propetario del Popocatépetl se unió a otros empresarios y así efectuaron estudios tendientes a instalar un telesférico que llevara —entre semana a los trabajadores y los domingos y días festivos a los visitantes— con toda facilidad y rapidez desde Amecameca hasta la cumbre misma de la montaña, además de que conseguiría hacer expedito el envío de mineral extraido del cráter.

Pero sucedió que las dificultades fueron tantas, aunado al elevado costo de este teleférico, que se descartó la idea y siguieron conduciendo el azufre como inicialmente se estaba haciendo desde 1836, cuando un tal Ignacio Reyes comenzara la explotación del azufre.

Jesús Galindo y Villa, notable geógrafo me-

El Popocatepetl.
La montaña que humea
de los viejos aztecas.
Orgullosa cima que
enmarca el valle
de México.

xicano, señaló en 1926 que el cráter del Popocatépetl es elíptico, midiendo 850 metros el eje mayor y 750 el menor. La profundidad del cráter es de 250 mts. Por su parte, Aguilera y Ordoñez (los primeros hombres de ciencia que acamparon en el cráter mismo del Popocatépetl en 1894, donde permanecieron por 48 horas realizando diversas observaciones), consignan que la boca del cráter, que está orientada de N.E. a SO., tiene una longitud aproximada, en su eje mayor, de 612 metros; el eje menor mide tan sólo 400 metros. La profundidad del cráter, tomando desde la orilla de la laguna, en el fondo, hasta el malacate, situado, como se sabe, en el paraje denominado Brecha Siliceo —a 30 metros aproximadamente abajo del borde inferior del cráter es de 250 metros.

La profundidad máxima del cráter, es decir del Pico Mayor a la laguna del fondo, es de 505 metros. Conviene añadir que la explanada de Tiamacas, donde al-

guna vez existió la hacienda para beneficiar el azufre, se halla a una altitud de 3.890 metros. El Pico Mayor, punto más elevado del cráter, alcanza una altura de 5,452 metros, mientras que el Labio Inferior, o sea el borde inferior del cráter, está a los 5.200 metros de altura.

Volviendo a la explotación del Popocatépetl no debemos pasar por alto que paralelamente a la extracción del azufre también se aprovechaba la nieve de la montaña. Los llamados "nevaderos", escalaban esta montaña provistos de filosas hachas cortaban hielo a trozos de forma regular. Luego los envolvían en zacate seco y cargado sobre asnos la conducían a Amecameca, después a Chalco y de aquí a la ciudad de México.

Finalizaba la segunda década de este siglo cuando se formó otra compañía para explotar el azufre de su cráter, el cual, en opinión de personas supuestamente conocedoras, afluía en creciente abundancia. Volvió, por ende, a funcionar el malacate de la orilla inferior del cráter. Este cabrestante o torno estaba colocado en una roca saliente por encima del fondo del cráter, y en ese mecanismo los operarios descendían al fondo para recoger el azufre. Había varias chozas de Tlamacas, donde dormían los 25 hombres que integraban esa cuadrilla, que diariamente trepaba el cráter. Pernoctaban a una altitud de 3.890 metros y ascendían a los 5.250 metros de altura, para ser descendidos hasta el fondo del cráter. Finalizada su jornada izados y cargando el mineral tornaban a Tlamacas.

Se cuenta que alguién aconsejó al capataz que para aumentar la producción del azufre se dinamitara el cráter. La recomendación fue escuchada y para ello se colocaron 28 cartuchos en diferentes lugares, especialmente en torno a la antigua chimenea volcánica. Después de las horas de ese día, 19 de febrero de 1919, se hizo explotar la dinamita, mientras 18 hombres extraían azufre del cráter. José Mendoza, el único sobreviviente de aquella explosión histórica (que para la Geografía fue importante, pues fue "el resultado directo— nos dice el célebre pintor Gerardo Murillo, mejor conocido como Dr. Atl— de una acción puramente artificial: la apertura y conmoción de la chimenea central se debieron a una fuerte explosión de dinamita que provocó un verdadero sismo y la reaparición de la actividad explosiva, paralizada durante milenios"), narró lo siguiente: "Yo estaba parado junto a uno de los humeros, cuando de repente oí un tronidazo y sentí que las paredes del cráter y el suelo se movían como un temblor. Las paredes tronaban como si hubieran sido de madera. Corrí a buscar refugio, yo y todos mis compañeros nos pusimos debajo de unas peñas".

"De donde pusieron los cuetes salieron chorros de piedras que subieron muy alto en el aire, se desparramaron y cayeron por todos lados. Lo que a mí me dió miedo fue ver cómo temblaban las paredes y los chorros de piedras caían por todos lados.

Muy lentas pasaron las horas. El gélido viento se levantaba en violentas espirales, y poco después cayó una copiosísima nevada. Los 18 hombres buscaron refugio en el lugar menos inseguro, y arrimados unos a los otros, ahí pasaron la noche. Al ama-

necer la nevada seguía en todo su apogeo. Los alimentos empezaron a faltarles y 48 horas más tarde, después de la explosión de dinamita, varios hombres comenzaron a dar muestras de intenso agotamiento, pero todavía para la mañana del 23, estaban todos con vida. Animándose mutuamente esperaban el auxilio que estaban seguros habría de llegarles.

Al caer la tarde se registraron los primeros descensos, hasta que la noche del 24 de febrero solamente había tres hombres con vida. Anota José Mendoza, en un vívido relato de su odisea: "Yo tenía un pie helado y empecé a sentir frío en el estómago. Comprendí que si me quedaba quieto me moriría, y procuré ponerme de pie y moverme en un solo sitio como si es-

tuviera bailando al Señor Sacromonte. Ya así pasé la noche que amaneció el 25... Yo confiaba que ese día moriría... De repente oí gritos en el labio inferior , junto al malacate".

"Eran los muchachos de Amecameca que nos venían a auxiliar; y nos sacaron a los vivos y a los muertos con muchos trabajos". De los tres recuperados con vida sólo José Mendoza sobrevivió pues los otros dos fallecieron al poco tiempo, seguramente como resultado del agotamiento de aquella dantesca jornada.

Así fue como una vez dinamitaron el cráter del Popocatépetl, pensado en aumentar la producción del azufre y ocasionando con tan irreflexivo proceder la muerte de 17 operarios que de su profundo cráter extraían ese material.

Desde la cumbre del Pico de Orizaba el paisaje adquiere una doble grandiosidad, la vista de la amplia región de Veracruz y la impresionante olla de su cráter.

Muchos han sido los poetas que han cantado la belleza de estos dos volcanes. Recordamos entre los más inspirados a Salvador Díaz Mirón, a Manuel Carpio, a Eduardo Gómez Haro, autor éste último de una melodiosa poesía que nos dice que "Iztaccíhuatl —hace ya miles de años— fue la princesa más parecida a una flor, que en la tribu de los viejos caciques del más gentil capitán se enamoró". Este poema del bardo peruano ("El Idilio de los Volcanes") está basado, seguramente, por la gran similitud de la trama, en una legendaria narración que un día encontramos en alguna librería de viejo. En un minúsculo cuadernillo está contenida tan bella gesta, de muchos desconocida, motivo por el cual ahora glosamos *la leyenda de las montañas nevadas*.

Cuentan las añosas tradiciones que Citlalcueye (la de la falda de estrellas) arrojó a la Tierra un cuchillo de pedernal que al estrellarse se fragmentó en pedazos, de los que nacieron mil seiscientos héroes gigantes que eran de origen divino. Estos héroes fueron cobrando gran cariño por los mortales, indefensos en sus luchas con los animales de colosal tamaño que poblaban la Tierra. Muchas generaciones transcurrieron y cada vez eran más hermosas las criaturas. Entre éstas había una doncella llamada *Ickapoyo*, que quiere decir "Copo de Algodón", hija de un hombre bueno y consejero y guía de las gentes.

Se dice que un infausto día el Escorpión Gigante vió caminar por las llanuras de Tlalnahuac a la hermosa Ickapoyo, y la siguió hasta las montañas que formaron la gran ribera de Anáhuac, lugar donde pretendió apoderarse de ella. Pronto las voces de la joven resonaron en los ámbitos y en su auxi-

Vista de la zona de las grietas del Popocatepetl, un reto para los más aventurados alpinista.

El nevado pico de Popocatepetl es un lugar preferido por los alpinistas para sus prácticas de ascensión en hielo.

lio fueron los hombres y el padre de la joven, pero el Escorpión Gigante aterrorizaba y sembraba la muerte. Después de una desigual lucha los hombres pudieron, con argucias y artimañas, rescatar a la doncella de las garras del monstruo, que furioso huyó hacia el sur.

El más joven de los héroes fijó su vista en la doncella y sintió un arrebato extraño, una atracción desconocida y de su pecho surgió un impulso de protección, que fue la expresión del naciente amor que por Ickapoyo experimentó. La doncella "Copo de Algodón", sintió igualmente, una inefable sensación y quiso refugiarse en los poderosos brazos del héroe, pero el rubor se lo impidió.

El Escorpión Gigante vagaba por las regiones de Tlalnahuac consumiendo su ira por no haber logrado dominar a los hombres. Su furia se descargaba sobre otras criaturas con saña cruel. Pero desde las selvas resinosas de Ocotl los ojos penetrantes del héroe Nextitel lo contemplaban con destellos iracundos; había decidido salir a su encuentro.

Se dice, se cuenta en las tradiciones que fue en las bajas tierras, en lo que ahora se llama Xantetelco, donde ocurrió la titánica batalla.

El Escorpión Gigante lanzó la furia de su coraje contra Nextitel, que quiere decir "Roca Gris", arrojando su cálido y venenoso aliento que hacía morir a los vegetales y a los animales por donde pasaba, dejando la tierra muerta. El héroe llamó en su auxilio a los vientos, y éstos soplaron con violencia revolviendo a la bestia con su hálito malsano. El animal que tenía los ojos inyectados por la ira llamó en su auxilio al fuego. Temibles llamaradas surcaron como ráfagas de muerte los aires. A su paso todo derretíase y las rocas se fundían cual cera sobre el campo de la épica lucha.

Cuando el Escorpión Gigante se aproximaba y creía poder vencer, fue el momento que esperaba el héroe, quien tomando un poderoso rayo lo arrojó a su adversario que fulminado cayó por tierra partido en tres pedazos. Hoy en día se pueden ver desde la meseta de Tonatico los tres picachos que forman sus restos, y que son conocidos con el nombre de Cerros de Xantetelco.

Aquella victoria dio al héroe Nextitel la preferencia de la joven y se hicieron la promesa de un amor eterno. Y cuentan las antiguas tradiciones que cuando los amigos del Escorpión Gigante se enteraron de la muerte del colosal animal se reunieron y amenazaron con la muerte y la destrucción a los hombres. Ante la fatídica acometida de las vengadoras fieras los hombres, llenos de temor y espanto, solicitaron de Nextitel que fuera el caudillo para defender vidas y haciendas. Y también le hicieron saber que al retornar victoriosos todos juntos celebra-

rían gozosos las bodas de "Roca Gris" con "Copo de Algodón".

Los marciales cantos de guerra atronaron los aires. Los guerreros, encabezados por su jefe y protector, iban haciendo sonar los caracoles y los tambores, y al alejarse en la distancia los hombres, los perfiles azules de las montañas fueron impávidos testigos del valor que desplegaron al entrar en combate.

Pasaron los días. Los tiernos retoños cubrieron las tupidas ramas de los esbeltos pinos. Los campos germinaron. Pero de los valerosos guerreros no se tenía ninguna noticia. Se ignoraba si habían sido despedazados por las fieras o si acaso habían sido premiados con la victoria.

La doncella Ickapoyo fue palideciendo lentamente al tiempo mismo que un manto de glacial tristeza envolvía su corazón. Luego negose a probar bocado, siempre en espera de la llegada de Nextitel... pero éste no llegó. La pálida Ickapoyo se quedó dormida un día, con su rostro lívido, tranquilo, sin dolor y sin gesto que reflejara la profunda amargura que había en su pecho. En su honor los habitantes del valle entonaron plañideros lamentos y tejieron blancos lienzos de algodón para envolver su cuerpo. La floresta se vistió con sus mejores galas para formarle su lecho de muerte. Cuando la gente estaba lamentando la desaparición de la doncella la ronca y solemne voz del caracol anunció el regreso de los guerreros vencedores. Al frente venía Nextitel, quien se encontró con la fatal noticia de la muerte de su amada. Acércose al túmulo y él, el valeroso héroe, lloró silencioso ante el cadáver de Ickapoyo.

Toda la noche permaneció inmóvil, y cuando al siguiente día la roja faz del sol asomó por el horizonte, tomó entre sus brazos el blanco sudario y se encaminó hacia la ancha garganta del valle, por el oriente. Y dijo con voz preñada por el sentimiento: aquí erigiré un túmulo gigantesco para que cierre el camino del sol, y que él la salude todos los días al nacer y la despida todos los días al morir. Entonces construyó con gigantescas piedras el mausoleo más poderoso de la Tierra. No ha habido otro más grande ni lo habrá más alto.

Allí depositó a su amada. Su cuerpo lánguidamente extendido destacaba el contorno de su talle: su cabeza puesta al norte y sus pies hacia el sur. Su pecho virginal semejaba diamantina cumbre al ser tocada por los rayos del sol.

El héroe erigió junto a su amada otro mausoleo en el cual se encerró para fumar la pipa, símbolo de la paz eterna.

Muchos años después los hombres, al contemplar las dos altas montañas cubiertas por la nieve, les dieron los nombres de Ixtaccíhuatl ("mujer blanca") y Popocatépetl ("montaña que humea"), y su historia se ha conservado hasta nuestros tiempos porque su amor había de eternizarse en las moles gigantescas que los representan.

El Culto a los Dioses en las Montañas

Antiquísima es la creencia que en las altas

cumbres y en las montañas nevadas moraban las divinidades tutelares. En la noche de los tiempos, en las más densas oscuridades de la prehistoria, se esfuman aquellas atávicas ideas, que calaron muy hondo en el pensamiento de casi todos los pueblos que han habitado este planeta. Para los fenicios la montaña sagrada era Baal-Harmón. Los hindúes tenían en el Himalaya el sitio de residencia de sus dioses. Para los griegos era el Olimpo donde habitaban los seres superiores, presididos por Zeus, que de cuando en cuando lanzanba, iracundo, sus rayos a los atemorizados mortales. En las montañas del Nepal recibió la

A este respecto nos dice Giuseppe Mazzotti lo siguiente: "El concepto de la divinidad de las montañas es común a todos los pueblos antiguos. El homenaje que a ellas se rindió debe ser considerado una primera manifestación del sentimiento religioso.
Desde la más remota antigüedad ha existido, como muestra de pleitesía y devoción, el culto a los dioses del agua. Si revisamos las principales mitologías hallaremos que

inspiración Buda. Mahoma, al ver que la montaña no iba hacia él, fue a la alta cima para perfeccionarse en sus ascéticas disciplinas espirituales. Jesucristo también fue a la montaña, para hacer oración y encomendarse a la paternal inspiración.
Muchos siglos tiene de haber sido forjada la leyenda de que el paraíso, lugar de eventos y delicias, a donde iban los elegidos —similar en su concepción a los Campos Elíseos—, se encontrava en lo alto de una montaña. La palabra *paradesha,* del sánscrito, significa "región elevada".

en Mesopotanía, Egipto, Grecia y Roma, lo mismo que en América —sin olvidarnos, de ninguna manera, de Africa y Asia— la veneración a las deidades acuáticas revistió gran importancia.
En México la misma divinidad tuvo diferentes nombres. En nuestro libro "Arqueología Subacuática" escribimos que "los mayas lo llamaban *Chac.* Para los zapotecas era *Cocijo.* Entre los mixtecas se le conocía como *Tzahui.* Los totonacas lo denominaban *Tajín,* mientras que los purépechas le daban el nombre de Tirípeme. Los huicholes tenían a *Aramara* y a Quiamucame como el

Vista del cráter del Pico de Orizaba y la amplia comarca de maravilloso relieve que se divisa desde su altiva cumbre, la más alta de México.

no, respectivamente. Más al sur, entre los quichés, el numen del agua era *Tohil.*" Los primitivos pobladores de Mesoamérica tenían entendido que las divinidades acuáticas residían en los elevados collados montañosos, donde veían formarse las nubes que habría de producir, al precipitarse a la tierra, el rocío benefactor de la lluvia. Así mismo pensaban que estos númedes se encontraban en las profundidades de los arroyos y manantiales, idea que es anterior a los aztecas; a estos sitios iban a rendirles culto y veneración. Esta opinión coincide con la relativa a que en cada cima existían dioses de la lluvia sujetos a la obediencia del Tláloc y de Chalchiuhtlicue. Se les llamaba *tepictoton:* "Los pequeños formados", ya que se les imaginaba como duendes de corta estatura, en cuyas manos sostenían cuatro cántaros que habían sido llenados con el agua de esos colosales recipientes que eran los cerros y las altas montañas. Según el cántaro que emplearan así eran los resultados: si volcaban el agua del recipiente adecuado la lluvia resultaría benéfica; de otro modo habría heladas o excesivas tormentas, que harían que las siembras se perdiesen. La leyenda nos dice que cuando los pequeños tlaloques rompían sus jarros se escuchaban los truenos, y que cuando los fragmentos del jarro caían, entonces se veían los relámpagos, que venían a ser un anticipo de la lluvia.

Seis Montañas en la Iztaccíhuatl

Los montañistas autores del hallazgo arqueológico son miembros del Club Alpino Mexicano. Encabezaba la expedición José María Aguayo, presidente del C.A.M., y formaban parte Miguel Angel Silva, José Antonio Quiroz, Victor García Arellano, Jorge Moisés Hernández y Leopoldo Alvárez, encargado cada uno de ellos de una tarea específica, durante su permanencia en la montaña. Estos alpinistas fueron a entrenar a los glaciares de la Iztaccíhuatl, con miras a estar debidamente capacitados para futuras salidas a las cumbres nevadas de otros países.

Majestuosas, brillantes bajo un sol infatigable las cumbres nevadas de México, son un toque incomparable en su policromada geografía.

El día 3 de mayo de 1938 iniciaron el ascenso desde el paraje denominado "La Joya". Siguiendo la ruta considerada "normal" —que sigue la vereda que conduce a los albergues "Igloo", "República de Chile" y "Esperanza López Mateos"— llegaron al punto más alto de la montaña, a 5.286 metros de altura.
Iban las seis personas ya mencionadas acompañados por otros seis miembros del mismo Club Alpino Mexicano, con el carácter de grupo de apoyo. Durante los días que permaneció el grupo expedicionario en la cumbre de esta hermosa montaña nevada, (del 4 al 21 de mayo de 1983, aproximadamente unos cincuenta integrantes de esa asociación estuvieron ascendiendo a "El Pecho', para asistir a sus compañeros. Du-

rante esa prolongada estancia hicieron registros de las temperaturas (nos informaron que en una ocasión los termómetros marcaron treinta grados bajo cero, y agregaron que la temperatura oscilaba diariamente entre los diez grados centígrados sobre y cero y diez bajo cero, debido a los bruscos cambios, y a las ráfagas de intenso viento que se dejaba sentir en aquellos elevados

parajes), investigaciones médicas de la aclimatación que iban consiguiendo, medición del espesor de la nieve y diversas prácticas de escalamiento en hielo.
Merced al escaso grueso de la capa de nieve en las proximidades de "El Pecho" se pudo hacer, en forma fortuita, el hallazgo de las piezas prehispánicas. Es muy probable que el viento y la escasez de nieve hayan favorecido que esos objetos hayan aflorado a la superficie, al grado de haber sido encontradas casualmente por los miembros del Club Alpino Mexicano. Pasados los momentos iniciales de entusiasmo todo el grupo se dedicó a explorar los alrededores —un par de horas, cada día, era el tiempo que

empleaban en recorrer los sitios cercanos, alternando esta tarea con sus entrenamientos alpinos—, a una altura de 5.260 metros, un poco por debajo del punto máximo de la montaña. Queremos hacer hincapié, según nos comentaros estos montañistas, que sería muy difícil que otras personas pudiesen localizar el sitio del hallazgo ya que está en un sitio en que sólo quien tenga la re-

cuidado colocaron estas piezas en mochilas, y una vez de regreso en la ciudad de México, trataron de que las Autoridades del Instituto Nacional de Antropología e Historia (INAH) realizaran investigaciones, asistidos por los montañistas del Club Alpino Mexicano, tendientes a recuperar mayor número de piezas prehispánicas.

ferencia exacta podría ubicar. Esto es con el objeto de evitar el saqueo de piezas que estuvieran ahí, mismas que –conforme al deseo de los descubridores– deben ser estudiadas por los expertos del Instituto Nacional de Antropología e Historia.
En un área de sesenta metros cuadrados, abajo de "El Pecho" y a cierta distancia de la ruta de ascensión, estuvieron explorando durante catorce días, y así localizaron infinidad de piezas hechas en madera, barro, piedra, jade, obsidiana; así como vegetales: carrizos atados con hilos y puntas de maguey. Buscaron alguna cueva que pudiese haber sido el adoratorio de los antiguos mexicanos, pero no la encontraron. Con todo

Hasta el momento éste es el descubrimiento arqueológico hecho a mayor altura en México. Hace algunos años se localizaron algunos restos prehispánicos en "El Ventorillo", del Popocatépetl, pero la altitud era inferior a los cinco mil metros. Es muy probable, si las exploraciones que proyecta realizar el Club Alpino Mexicano rinden frutos, que en fecha próxima se tenga un mayor número de objetos procedentes de aquellos sitios, que vienen a comprobar que las montañas nevadas fueron importante centro ceremonial para los antiguos habitantes de Mesoámerica.

En la página siguiente, vemos algunos de los interesantes objetos encontrados en las cumbres de la "volcana".

Prueba evidente de su gran importancia ritual, durante el período prehispánico.

TONATICO: EL LUGAR
CONSAGRADO AL SOL

Incluyendo en la ruta, a partir de
México, Toluca con su mercado
de los viernes, Tenango con su zona
arqueológica de Teotenango,
Tenancingo por sus artesanías en muebles,
Ixtapan con sus prodigiosas aguas
termales.
La visita de Tonatico es el complemento
ideal.

Por su cercanía al Distrito Federal el Estado de México entraña señal de importancia turística, ya que dicha entidad encierra infinidad de atractivos de diversa índole, como para tornar interminable una lista de los sitios que cada fin de semana podrían ser visitados, tarea en la que fácilmente nos llevaríamos todo un año.

Uno de estos lugares es Tonatico, sito a noventa kilómetros de la ciudad de Toluca. Viajando por la carretera federal 55 que conduce hacia el Sur, a los 83 kilómetros llegamos a Ixtapan de la Sal, pasando por Tenango de Arista (muy cerca de esta población, también conocida como Tenango del Valle, se ubica la formidable zona arqueológica de Teotenango, y debemos enfatizar la existencia de un estupendo museo que guarda piezas procedentes de toda la entidad) y Tenancingo —a unos 50 kilómetros de Toluca—, donde usted puede encontrar muebles de magnífica manufac-

tura, preciosos rebozos y licores de frutas de deliciosos e inesperados sabores. A media docena de kilómetros de Ixtapan está Tonatico, nombre formado por las palabras Tonatiuh (sol) y co (lugar). Los nahuatlatos afirman que este vocablo prehispánico significa "en el lugar consagrado al sol", y de acuerdo a los vestigios que por doquier se encuentran en torno a Tonatico existieron asentamientos hace quizás uno o dos milenios.

Desde hace muchos siglos Tonatico ha sido identificado como "el lugar consagrado al sol". Prueba de ello es el ideograma que servía para representar a esta población recogido en el "Registro tributario del Codice Mendoza".
Gracias a él podemos saber que el ideograma que lo representaba era el mismo sol y con ello deducir la importancia ritual de este emplazamiento.
Algunos arqueólogos han descrito restos de una gran alberca con vestigios de lo que tal vez debió ser el símbolo solar en su fondo.

Por el Códice Mendoza conocemos que fue vasalla de Temochtitlán y rendía en compañía de las poblaciones cercanas —Ocuillan— Tenantginco, Tequaloyan, Coatepec y Cincuzcac. "Un tributo perfectamente identificado que nos permite intuir las características de su población y la riqueza exquisita de un telanes.
El documento azteca hoy conservado en la Biblioteca Bodleian —de Oxford— dice que pagaba el siguiente tributo a Moctezuma: 1600 mantos de diferentes calidades entre los que se destacaban finos que en traducción literal de náhuatl se llamaban "Joyas retorcidas por el viento", dos vestidos completos con escudo para gran gala y 20 de guerra, un par de cofres con maíz y dos cofres con frijoles, y 200 sacos de fina sal blanca.

Tonatico se halla a una altitud aproximada de 1900 metros sobre el nivel del mar, y ocupa, al igual que su vecina Ixtapan (en lengua nahuatl significa "sobre la sal"), extensas áreas donde hace milenios existieron lagunas. La mejor demostración de esta aseveración está dada por la zona de las salinas que permitió, hasta hace unos diez años, la explotación en escala comercial de la sal. Antes de continuar adelante con esta breve descripción de Tonatico diré que en el Códice Mendocino encontramos la referencia a los tributos que debía entregar esta población —en los tiempos prehispánicos— como urbe sujeta al poderío azteca. Ahí aparece que cada cierto tiempo debía cubrir, entre otros productos y manufacturas, la cuota y el gravamen de dos mil pomes de sal. En ese documento no aparece la referencia a Ixtapan de la Sal, que en aquellos tiempos previos a la llegada de los españoles se encontraba bajo la tutela y dominio de Tonatico, que era ciudad más importante.
Desde la ciudad de México hay dos opciones para llegar a Tonatico. Una es seguir la cinta asfáltica que enlaza el sitio denominado "La Marquesa" con Tenango de Arista, y luego continúa a Tenancingos, Ixtapan y Tonatico. Otra es llegar a Toluca y de aquí viajar hasta la interesante población que ahora nos ocupa. El kilometraje es sensiblemente el mismo por ambas vías.
La visita a Tonatico la iniciamos en la parte céntrica de la población. Frontera a una simpática plaza, de grandes dimensiones, está el Santuario de Nuestra Señora de Tonatico, donde se venera a una imagen traída de España por los misioneros encargados de adoctrinar en la nueva religión a los naturales de esta región. El interior de esta iglesia es muy bello, por su profusa y bien equilibrada ornamentación.
De aquí vamos en nuestro vehículo, siguiendo un camino de terracería de escaso un kilómetro, hasta el paraje donde contemplamos el Salto de Zumpatitlán, que es una cascada de unos cuarenta metros de altura. Este paraje es muy agradable, por la abundante vegetación que aquí vemos. Busque en este sitio al señor Nabor Guadarrama, encargado del mantenimiento de tan arbolado rincón tonatiquense. Don Nabor, un simpático viejecillo de poco más de ochenta años, le indicará el camino por donde usted puede ir a pie (si lo prefiere también puede viajar en su vehículo, por una aceptable brecha) hasta los restos de Tonatico Viejo, donde los españoles fundaron el asentamiento novohispano en 1530. Aquí

Un paseo muy agradable a corta distancia del pueblo, es visitar el salto de Zumpantitlán.
Los arroyos que confluyen para formar esta caída han dejado al descubierto numerosos restos de mastodontes fósiles.

Antes de dejar el Salto de Zumpantitlán y la barranca del mismo nombre pida a Don Nabor que le muestre, incrustados en las rocas de los alrededores fragmentos de huesos de animales prehistóricos que habitaron hace milenios esta parte del Estado de México.

De este lugar nos dirigimos al balneario municipal de Tonatico, que cuenta con varias albercas; una de ellas, la que primero se puso en funcionamiento en la década de los años cincuenta, tiene un par de borbollones, por donde salen las aguas termales que han conferido justa fama balneoterápica a Tonatico y a Ixtapan. La temperatura de las aguas es de 37 grados centígrados, y por su contenido en sales minerales son muy apropiadas para el tratamiento de diversas enfermedades, principalmente dermatológicas, reumáticas y del sistema circulatorio. El barro que las personas que disfrutan de estos baños termales suelen aplicarse en la cara tiene alta concentración de azufre y otros minerales, motivo por el cual es de benéficos resultados.

Gracias a la amistad que desde hace muchos años nos liga con Don Carlos Niederstrasser, residente de Tonatico hace poco más de una década, tuvimos la suerte de conocer al señor Oscar Vázquez Illana, quien es el indiscutible cronista de la ciudad de Tonatico. En su casa admiramos una espléndida colección de cerámica precortesiana, y vimos diversos huesos de los animales que hace varios miles de años hollaron con su planta estas tierras mexiquenses. Lo más interesante, a nuestro juicio, fue el hecho de conversar con tan documentado informante y conocer detalles y pormenores de la historia de Tonatico, que él conoce como ningún otro. Nos mostró media docena de álbumes, delicadamente empastados en piel labrada, donde ha reunido artículos periodísticos, fotografías, documentos varios y copias de oficios que desde hace más de veinte años ha venido dirigiendo a diversas autoridades oficiales, tanto estatales como nacionales, buscando que ese grandioso acervo histórico sea debidamente preservado. Entre muchos otros documentos vimos algunas cartas donde las autoridades gubernamentales toman conocimiento de los hallazgos que él ha realizado, y en esos oficios le comunican que debido a la falta de presupuesto no pueden seguirse secciones inmediatas para la exploración de los sitios arqueológicos o para la preservación de lo encontrado. El señor Oscar Vázquez Illana nos dijo: "ninguna autoridad, ni municipal, ni estatal, ni nacional se ha preocupado por hacer algo tendiente a proteger esta gran riqueza histórica.

contemplamos las ruinas de un templo, eregido problemente por los frailes franciscanos, que por su aspecto exterior más parece fortaleza. A poca distancia vemos los vestigios de un edificio llamado "El Castillo", donde viviera el último cacique de este pueblo. A unos cien metros de los anteriores se hallan los ruinosos restos de otro recinto, religioso seguramente, denominado "El Calvario". La vista que se tiene de Tonatico desde este punto es muy hermosa.

Yo estoy desilusionado, porque durante muchos años he buscado que todos estos hallazgos arqueológicos sean reunidos en un museo, aquí en Tonatico, pero nadie se interesa por este proyecto, que en mi opinión es muy importante para esta ciudad". En seguida agregó: "Y qué decir de los repetidos robos que se han registrado en el Santuario de Nuestra Señora de Tonatico, donde apenas en abril de este mismo año, de 1984, los ladrones se llevaron la corona que le habían puesto a esa escultura hace apenas un par de años. Esa corona de oro tiene un valor superior a los dos millones de pesos. Pero si las autoridades municipales no hacen nada para evitar estos hurtos, menos les interesa cuidar otro tipo de riqueza, como la arqueológica".

pinturas rupestres; entre otras, una que representa a Tonatiuh, actualmente bastante deteriorada. Así mismo, nos dijo que en la cueva llamada de "Las Manitas" hay 36 manos pintadas en las paredes de la caverna, a más de una que quizá represente a Quetzalcóatl.

En la grata compañía de tan gentil cicerón visitamos la zona salitrera de Tonatico, a muy corta distancia del balneario municipal. En este sitio, desde tiempos prehispánicos hasta hace unos diez o quizá veinte años se elaboraba sal mediante el sistema de evaporación solar. Aquí contemplamos los canales de circulación que permitían la llegada de la salmuera a las tinajas, que son los estanques de cristaliza-

El Balneario Municipal del que vemos en la ilustración la alberca de agua caliente es uno de los centros termales más visitados, especialmente por sus lodos muy apreciados para el tratamiento de las afecciones de la piel.

(Qué país el nuestro, agregamos nosotros, donde un hombre autodidacta, sin formación universitaria, se preocupa por profundizar en el conocimiento histórico de su ciudad y pretende que las autoridades conserven esas expresiones culturales de otros tiempos, pero lamentablemente a nadie parece preocuparle que tan preciado material (pirámides, pinturas rupestres, restos de iglesias coloniales y cerámica prehispánica de gran belleza) se pierda, al no existir ninguna autoridad interesada en conservar lo que es parte de la historia de México. Qué bello sería, como un atractivo más para que las personas que visitan Tonatico conocieran el desenvolvimiento histórico de esta ciudad, que hubiera un museo regional, donde se mostraran todos los aspectos concernientes a la historia de estos lugares). Durante la aleccionadora conversación que sostuvimos con Don Oscar Vázquez Illana, ilustrado cronista sin nombramiento oficial de Tonatico, nos mencionó la existencia de la Cueva del Sol, en Papalotepec ("el cerro de las mariposas"), donde hay numerosas

ción en los cuales al evaporarse el agua por la acción solar se forman costras salinas. A escasamente quince kilómetros de Tonatico, se localiza la Gruta de la Estrella. Seguimos la carretera federal número 55, que lleva a Taxco, y a la altura de la ranchería de La Puerta hay una carretera de un kilómetro a esta preciosa caverna, sita al borde de la barranca de Manila. En el folleto alusivo a esta sima, publicado por la Dirección de Turismo del Estado de México, leemos lo siguiente: "La entrada a las grutas está situada hacia el noroeste, al pie de un acantilado calcáreo, en la ladera occidental del Cerro de la Estrella, formada por un amplio arco de doce metros, y se eleva a 1508 metros sobre el nivel del mar.

No se sabe con exactitud la fecha en la que fueron descubiertas, pero un adoratorio dedicado a Tlaloc, así como diversas ofrendas, que fue encontrado por el

Grupo Espeleológico Mexicano hace suponer una ocupación de las cavernas que data de setecientos a mil años. La tradición las señala como el sitio de refugio de las fuerzas insurgentes del guerrillero Pedro Ascensio. El primer antecedente de esta gruta se refiere a ella como Caverna Ojo de Agua (Delfus y Montserrat, en 1867), pero el primero en mencionarlas con su nombre actual es Castel, en el año de 1934.

Las cualidades de las aguas termales de Tonatico eran ya conocidas desde la época prehispánica y que en el viejo poblado hubo una importante casa de baños con una gran alberca, esa misma alberca en donde los arqueólogos se empeñan en descubrir el símbolo solar. Otra curiosidad arqueológica de esta población ha sido la obtención de sal, de la que se pagaba al señor de Temochtitlan 2000 sacos al año, enorme cantidad si se tiene en cuenta su sistema de obtención, la evaporación en superficies de piedra del agua de las vertientes termales, tarea ingente con un bajo rendimiento y enormes cantidades de mano de obra.

Tonatico es una curiosidad en si mismo, el sol es protagonista de su clima, de su luz, de sus vivencias, parece revivir en su historia y protagoniza el colorido de su atardecer convirtiendo en una gama de oro todos los edificios de la ciudad.
La luminosidad de este paraje singular es incomparable, el cambiante matiz de su luz lo ha convertido en el lugar predilecto de numersos artistas que encuentran en la matizada paleta de la naturaleza una constante inspiración para su talento.
Ligado al sol el hombre de Tonatico le ha rendido con su trabajo en la salina el tributo de su sudor y la relajación inspirada de sus alegrías.
No deje de visitar esta bella población, donde encontrará un afecto especial en su hospitalidad, un ambiente excepcional en sus calles y un clima fuerte y sano en donde reina el sol desde hace milenios.
Mitad arqueológico, mitad antropológico Tonatico es el lugar ideal para pasar unos días inolvidables.

Estas grutas son galerías ramificadas que en su curso superior miden 688 metros, y el curso del río subterráneo, desde la primera cascada hasta la primera resurgencia, mide 240 metros. Las galerías que de él salen miden aproximadamente 300 metros, que da un total de 1228 metros. Estas cavidades son el resultado de lo que en términos científicos se conoce como fenómenos de erosion kárstica,

característica de los cerros calcáreos, como el de la Estrella.
Al filtrarse el agua en la parte superior del cerro arrastra consigo diversas sustancias minerales que van a producir las estalactitas —nombre que se da a las formaciones que se desprenden de la bóveda—, las estalacmitas— que se originan del suelo hacia arriba— y los cortinajes, ...por caprichosos pliegues, de varios colores. De acuerdo a la imaginación de quien las visita y contempla con detenimiento, se les han dado nombres sugestivos a las formaciones del interior de la Gruta de la Estrella. Así tenemos las siguientes, entre muchas: "La Catedral", "El Cristal", "Los Candiles", "La Foca", "El Tiburón", etc.
En Tonatico tienen lugar diversas festivida-

Tonatico es una curiosidad en si mismo, el sol es protagonista de su clima, de su luz, de sus vivencias, parece revivir en su historia y protagoniza el colorido de su atarceder convirtiendo en una gama de oro todos los edificios de la ciudad.

La luminosidad de este paraje singular es incomparable, el cambiante matiz de su luz lo ha convertido en el lugar predilecto de numersos artistas que encuentran en la matizada paleta de la naturaleza una constante inspiración para su talento.

Ligado al sol el hombre de Tonatico le ha rendido con su trabajo en la salina el tributo de su sudor y la relajación inspirada de sus alegrías.

No deje de visitar esta bella población, donde encontrará un afecto especial en su hospitalidad, un ambiente excepcional en sus calles y un clima fuerte y sano en donde reina el sol desde hace milenios.

Mitad arqueológico, mitad antropológico Tonatico es el lugar ideal para pasar unos días inolvidables.

des durante el año, y en estas fechas la afluencia de visitantes se considera bastante mayor. El número de habitantes es de siete mil, y se menciona que durante el mes de enero llegan a acudir casi un millón de paseantes. Especialmente para el último domingo del mes de enero, de la fiesta de Nuestra Señora de Tonatico.

Durante los días de la Semana Santa hay diversas representaciones del drama del Calvario, con interesantes procesiones.

Durante el mes de septiembre hay diversos festejos, y los más lucidos son aquellos de los días 26 y 27, ya que en la fecha primera hay un concurrido baile, y al día siguiente un simulacro de la Guerra de la Independencia, en la que participa todo el pueblo y los visitantes.

Las posadas tienen lugar en el atrio del santuario, con alegres fiestas.

Estamos seguros que usted habrá de disfrutar en grande su visita a Tonatico. Lo mismo si permanece un par de días en esta población cuando no haya festividades populares, que si se decide por un día de fiesta regional. En cualquier ocasión Tonatico desplegará sus mejores galas para que su estancia resulte grata, de manera que le queden muchas ganas, como ha ocurrido con otros, de volver, una y otra vez, a tan simpática población.

CALIXTLAHUACA.
MALINALCO
Y TEOTENANGO

Calittlahuaca a escasos 15 kilómetros de Toluca y a 75 kilómetros de México. Malinalco a 60 kilómetros de Toluca y 120 kilómetros de México y Teotenango a 2 Km de Tenango, a 30 kilómetros de Toluca y 55 kilómetros de México, constituyen uno de los recorridos más interesantes para el aficionado a la "arqueología mayor".

Dentro de las muchísimas zonas arqueológicas que existen en la nación mexicana, mudos testimonios de un floreciente pasado, en el Estado de México —nombre homónimo del país— los conocedores aseguran que suman más de cien los sitios prehispánicos, todos ellos de gran importancia para conocer el desarrollo cultural de los antiguos pueblos mesoamericanos.

De ese crecido número de lugares, en los cuales floreció el genio autóctono y la grandeza espiritual de un pueblo que supo plasmar en la piedra un delicado mensaje estético para la posteridad, hemos escogido para este capítulo tres zonas arqueológicas sumamente interesantes: Calixtlahuaca, Teotenango y Malinalco.

CALIXTLAHUACA

Esta es una palabra náhuatl, que significa "lugar donde hay casas en la llanura". Proviene de los vocablos *calli:* casa e *ixtlahuaca:* llanura. Dista escasos quince kilómetros de la ciudad de Toluca, la capital del Estado de México; y de la ciudad de México se halla a unos 75 kilómetros.

Algunos investigadores señalan que este sitio arqueológico debe ser llamado más propiamente "Tecaxic-Calixtlahuaca", ya que se ubica prácticamente en medio de ambos pueblos; pero la costumbre ha determinado que se le denomine con el segundo de esos nombres. De acuerdo a los estudios arqueológicos realizados en este lugar, se tiene conocimiento que aquí existieron diversos asentamientos humanos desde el período llamado arcaico o preclásico, que vendría a corresponder aproximadamente del año 1500 al 200 de nuestra era. Pasados los siglos, vendrían otros grupos étnicos, de los cuales el más sobresaliente sería el matlatzinca.. El nombre matlatzinca puede traducirse por "gente de la red", y designa a la tribu que edificara en este lugar un centro ceremo-

A diferencia de tantas y tantas otras ciudades, en las cuales se advierte la monumentalidad de haber sido construídas sobre un solo nivel del terreno, en Calixtlahuaca llama poderosamente la atención el hecho de que los principales monumentos fueron levantados en la ladera de un cerro, de nombre Tenismo o Calixtlahuaca, en niveles descendentes. Los matlatzincas fueron capaces de utilizar pequeñas esplanadas, que transformaron según sus propósitos urbanistas, para edificar terrazas sobre las cuales levantaron sus templos.

Los monumentos prehispánicos de esta zona han sido identificados por los arqueólogos mediante numeración progresiva, del uno al 17. Esta designación proviene de cuando se iniciaron los trabajos y las exploraciones, en el año de 1930, fecha en que los especialistas en las culturas precolombianas efectuaron estudios en cada uno de los edificios de Calixtlahuaca.

Los más sobresalientes son los que a continuación vamos a describir, de una manera somera, sirviéndonos para ello de la valiosa ayuda que nos proporciona la guía oficial, editada por el Instituto Nacional de Antropología e Historia.

Todo el yacimiento arqueológico de Calixtlahuaca fue levantado en la ladera de un cerro, forma no habitual dentro de los hábitos arquitectónicos. Estos momumentos fruto de la superposición de varias construcciones realizadas durante diferentes períodos históricos confiere a las construcciones un volumen y unas

nial fortificado, con el objeto de hallarse a salvo de sus enemigos. Pero de nada les valieron esas sólidas defensas, ya que los toltecas les causaron terrible derrota y los sometieron a pesado yugo.

La investigadora Alma Reed consigna que "aunque no ha podido definirse su procedencia exacta (del pueblo matlatzinca), sus leyendas hablan de una separación de los aztecas durante su peregrinación desde las "siete cuevas" hasta el valle de Anáhuac. Ciertos arqueólogos consideran a los matlatzincas los pobladores originales de Tula, que al igual que los toltecas habrían sido arrojados de este lugar en época remota. Nombres toltecas, el uso del calendario tolteca, así como diversas semejanzas arquitectónicas y el templo al dios del viento, han llevado a José García Payón y a otros a relacionar la cultura matlatzinca con la influencia tolteca, sin poder precisar la forma de su derivación. Se ha hecho notar que el viejo nombre de Toluca fue Tollocan, que al igual que Tula significa "Lugar de Tules".

La pirámide que lleva el número 3 es un edificio de forma circular, que tiene por base una terraza. Es el resultado de cuatro superposiciones, que fueron hechas con diferentes materiales: todos ellos de planta circular y con escalinata, mirando hacia el oriente. A este particular, recordemos que todos los momentos que fueron dedicados al dios del viento daban el frente a ese punto cardinal —el oriente—, ya que se tenía la idea de que la deidad eólica tenía su mansión en esa dirección.

Los tres templos circulares edificados previamente son, sin lugar a duda, de épocas previas al florecimiento de los aztecas. A raíz de la conquista que el monarca mexicano llamado Axayácatl hiciera, en 1476, de estos lugares, Calixtlahuaca fue objeto de una amplia transformación que favoreció su crecimiento urbano.

Ha sido posible saber que en el año 1475 tuvo lugar un violento terremoto que destruyó dicha pirámide, así como la escultura que representa al dios Quetzalcóatl en su advocación de divinidad del viento (Ehécatl-Quetzalcóatl), que se loca-

proporciones extraordinarias. El jaguar. Magnífica escultura monolítica que representa la piel de un jaguar con sus patas orientadas hacia los cuatro puntos cardinales. Una de las bellas esculturas que asombra al viajero con la técnica y calidad plástica de los artistas precolombinos.

lizó en el lado sur de la plataforma, estatua en cuestión "representa a un hombre desnudo, que sólo lleva un pequeño maxtlatl —taparrabo— y unas sandalias, y que tiene una máscara en forma de pico de ave, característica del dios Ehécatl. Está magníficamente modelada, con énfasis sobre ciertos rasgos anatómicos, y en medio de su sencillez lleva la característica fuerza de las esculturas aztecas; está labrada en material andesítico gris". Esta preciosa escultura se halla actualmente en el Museo de Arqueología del Estado de México, sito en las proximidades de la zona arqueológica de Teotenango.

La última superposición, que cubría las tres pirámides anteriores, hizo que el tamaño del monumento alcanzara veintidós metros de diámetro en su base, y una altura de doce metros. Al frente se aprecia una escalinata, con un pequeño altar en la parte central inferior.

Curiosa piedra en donde se puede observar un altorrelieve con un fechamiento.
La forma azteca de fechar, según nos lo describe el comentarista español que transcribió el Códice Mendoza para el Emperador Carlos V era:
El siglo tenía 52 años, fin de siglo significaba fin del mundo y había que encender el "fuego nuevo" en largas y complicadas ceremonias.
El año de 365 días se componía de 18 meses de veinte días más cinco días fatídicos.
El nombre del año correspondía al nombre del día en que comenzaba el año, que sólo podían ser los siguientes:
"Casa, Conejo, Caña o Cuchillo".
Su representación era por puntos azules hasta un número de 13 (4×13=52).
Los aztecas numeraron los años pero no los siglos, haciendo que los fechamientos, resulten complicados de relacionar con el calendario gregoriano aunque para ellos no era complicado recordar los reyes y relacionarlos con los siglos.

U bicado un poco más arriba que la pirámide antes mencionada, en otra terraza superior de regulares dimensiones, se localiza el monumento número cuatro, que ha sido llamado "El Templo de Tláloc", que forma un interesante conjunto arquitectónico con el edificio número siete y el denominado "El Altar de los Cráneos". El monumento número cuatro es una pirámide de planta casi cuadrada. Al frente hay una escalinata franqueada por alfardas. Se piensa que su altura fue de doce metros, y que su edificación se remonta al período azteca-matlatzinca. Esta pirámide mira al oriente, donde está un templo de planta cruciforme. El brazo superior de la cruz es semicircular, y tanto de norte a sur como de oriente a poniente mide nueve metros. Es el llamado "Altar los Cráneos".

En lo alto del cerro, en cuyas laderas se asienta la zona prehispánica de Calixtlahua-

ca, existen restos de construcciones (a las que los arqueólogos han designado con los números 13, 14 y 15. Fueron destruidos con el fin de obtener el material requerido para eregir la iglesia del pueblo de Calixtlahuaca). Aquí fue encontrada una estatua que representa a la diosa Coatlicue, una de las deidades tutelares de mayor rango dentro de la mitología azteca. Hoy en día puede admirarse esta escultura en el Museo Nacional de Antropología, en la ciudad de México.

E n la parte baja del cerro Tenismo, junto a la carretera que conduce a este lugar, se encuentra el monumento número 17, uno de los más extensos, al que se ha dado el nombre del calmecac, que, como se tiene noticia, era el lugar donde los sacerdotes impartían la educación a los jóvenes aztecas. Es un conjunto de edificios alrededor de un amplio patio central, que fue destruido por los aztecas en el año de 1510.

MALINALCO

De esta fascinante zona arqueológica ha dicho el renombrado investigador Walter Kric-

keberg —autor de ese documentado libro que lleva por título "Las Antiguas Culturas Mexicanas"— es "una de las obras más asombrosas del arte azteca. Junto con la fortaleza de los dioses en Texcotzingo, es el único ejemplo mesoamericano de un templo comparable a los de Egipto, del Indostán y del Asia central". Y agrega este cronsita: "Es una obra extraordinaria, si se piensa que estos hombres sólo disponían de primitivas herramientas de piedras y de cobre".

Por su parte, Paul Gendrop, en su fascinante libro "Arte Prehispánico en Mesoamérica", anota que Malinalco "representa la culminación de este tipo de arquitectura (edificios tallados total o parcialmente en la roca viva de un cerro, lo que constituye un caso único en Mesoamérica), labrado en el flanco de una montaña varios edificios, entre los que se encuentran grandes salones de planta rectangular y templos de planta circular, incluyendo unas escaleras y terrazas, así como una ingeniosa red de canales de desagüe pluvial, destinada a proteger los edificios contra la erosión".

A una distancia de 60 kilómetros de la ciudad de Toluca, y a 120 de la capital mexicana, se localiza este incomparable sitio arqueológico cuyo nombre, Malinalco, ha despertado controversias en cuanto a su posible significado. Dos nahuatlatos, Cecilio A. Robelo y Antonio Peñafiel, coinciden en asegurar que Malinalco debe traducirse por "el lugar de la Malinalxóchitl", basándose para ello en la leyenda que afirma que durante la peregrinación del pueblo azteca, desde la mítica Aztlán hasta su destino final Tenochtitlan, en este lugar, Malinalco, dejaron abandonada la imágen de la deidad hermana del todopoderoso dios Huitzilopochtli, a la que daban el nombre de Malinalxóchitl.

Los eruditos sostienen que es incorrecta la opinión anterior, ya que, como asevera el arqueólogo José García Payón (quien descubriera en 1936 este sitio, y realizara en él fructíferas exploraciones hasta el año de 1939), "la cultura azteca tuvo muy poca influencia en la de los matlatzincas, a la que pertenece esta zona arqueológica, pues aquella se redujo a unos cuantos años antes de la conquista española, es decir, desde el período de Axayácatl, 1469". Malinalco es una palabra de la lengua náhuatl derivada del término *malinalli*, que sig-

nifica "hierba retorcida". Otra versión de ese vocablo podría ser "lugar intrincado o enredado".

Ha sido tan acentuado el impacto estético que estos templos han producido en los arqueólogos, que no faltan aquellos que aseguran que pueden ser comparados a los templos de Ellcra, excavados en la roca viva, en las pendientes de Taidarabad, en la India; o con aquellos de Petra, en los acantilados rocos de Wadi-al-Arabá, al sur del Mar Muerto. George C. Vaillant, reconocida autoridad de prestigio internacional en estas disciplinas, declaró que las excavaciones efectuadas en los riscos de Malinalco relegan a segundo término los templos monolíticos de Abu Simbel, en Egipto. Finalmente, conviene agregar que, sin caer en ampulosas exageraciones chauvinísticas, se menciona que Malinalco es una de las cuatro zonas arqueológicas que existen en el mundo con la característica de haber sido tallada en un único bloque pétreo.

El pueblo de Malinalco se encuentra a una altitud de 1500 metros sobre el nivel del mar, en un agradable paraje que anuncia la proximidad del trópico y rodeado por elevados cerros de caprichosa forma, que recuerda la escarpada serranía que rodea al pintoresco pueblo de Tepoztlán, en el Estado de Morelos.

Para visitar los monumentos prehispánicos se inicia la caminata a muy corta distancia del centro del poblado, precisamente en el barrio de Santa Mónica. Hay un sendero que permite, con toda seguridad, el ascenso al llamado "Cerro de los Idolos", en cuya parte intermedia se localizan los edificios, a unos ciento cincuenta metros, aproximadamente, de altura sobre el pueblo.

Puede asegurarse, basándose para ello en las referencias históricas de que se dispone, que poco tiempo después de la conquista que los aztecas hicieron de los matlatzincas, en 1476, Malinalco sufrió la notoria influencia cultural de sus dominadores. La construcción de los templos y edificios, en "El Cerro de los Idolos", tuvo lugar entre los años 1501 y 1515, si bien no llegó a quedar concluída del todo. La llegada de los españoles vino a interrumpir esta soberbia arquitectura, por muchos motivos única en el mundo.

A los lados lleva dos alfardas de estilo azteca, que limitan una escalinata de trece peldaños. En la parte central de la escalera, hacia la parte inferior de la misma, hubo originalmente una estatua en posición sedente. "A ambos lados de la escalinata —leemos en la guía oficial— se hallan los dos cuerpos en rece-

Arriba. Caballero tigre. Representación de los dioses de la tierra.
Abajo. Impresionante vista, las ruinas de Malinalco, uno de los prodigios de la cultura azteca que más recuerda al arte incomparable de los arquitectos egipcios.

so y en talud, y en los ángulos formados por las alfardas y los cuerpos del edificio, sobre una pequeña plataforma, están los restos de unos jaguares (ocelotl) de cuerpo entero y en actitud sedente".

En su momento de máximo esplendor tanto la pirámide como las esculturas estuvieron recubiertas por una capa de estuco, que confería mayor belleza a todo el conjunto.

En la parte superior de este monumento hay una pequeña cámara casi circular, de unos tres metros de diámetro. En la plataforma que constituye la base de ese recinto existen unas esculturas. A la derecha, al oriente, está una cabeza de sierpe, sobre la que estuvo la figura de un caballero águila. A la izquierda, al poniente, un tambor de piedra servía de base a un caballero tigre. En la parte central se abre el acceso, que semejan las abiertas fauces de una colosal serpiente, cuya lengua bífida se extiende en el piso a manera de una estera. Este local estuvo originalmente cubierto por un techado. Actualmente se halla protegido por una techumbre de paja, cuyo modelo se obtuvo de un códice.

Una vez dentro del santuario se observa una plataforma semicircular tallada en la roca, a manera de una banqueta. Tiene una altura de unos cuarenta a cincuenta centímetros, en la que fueron esculpidas tres esculturas: en la parte central, opuesta a la entrada y sobre la plataforma, se aprecia una piel de jaguar extendida; y a cada lado hay una águila, también extendidas sobre ese redondel pétreo. Abajo de la plataforma, casi al centro, se repite el motivo de una talla que representa a otra águila.

Este templo principal de Malinalco era el *Cuauhcalli;* es decir, "La Casa de las Aguilas", que servía de sede para los dos grupos militares más prestigiados entre los aztecas, los grandes señores de la guerra en Mesoamérica; los caballeros tigres y los caballeros águila. Cabe agregar que es sabido que esos animales simbolizaban en la compleja cosmovisión indígena prehispánica al cielo y a la tierra.

A juicio de José García Payón, cuyos estudios respecto de Malinalco han arrojado tanta luz sobre el significado de los diversos monumentos de esta formidable zona arqueológica, "el templo de Malinalco pertenece exclusivamente, con todos sus anexos, a la organización militar de los llamados "caballeros del sol"; es decir, los *Cuautli* y los *Ocelotl (Cuacuauhtin),* y todo el conjunto de los edificios formaba el *Cuacuahtinchan",* donde tenían su asiento esas prestigiadas órdenes militares.

En torno al templo principal hay otros edificios, numerados del 2 al 6, que, a juicio de los expertos, servían de aposentos y adoratorios a la clase sacerdotal y a la casta militar que ahí tenían su lugar de residencia. Para terminar, diremos que de Malinalco procede el hermoso tambor de madera (tlalpanhuehuetl) ceremonial, decorado exquisitamente con águilas y ocelotes, que se exhibe en el Museo Arqueológico del Estado de México, sito en Teotenango.

Arriba. Caballero ánguila, representación
guerrera del cielo.
Centro. Calixtlahuaca - Templo circular
conocido por los expertos como
"La pirámide circular"
Abajo. Teotenango: Centro Ceremonial
desde la Gran Plaza.

101

Malinalco es una de esas ciudades
inolvidables.
Centro de una cultura que se pierde
en la bruma de los siglos,
sigue conservando en sus calles un
ambiente fascinante.
Destaca en la abierta villa que inspiró
a Juan Rulfo su célebre
"Pedro Páramo" la magnífica Iglesia
de Santa Monica, edificada en
el siglo XVI por los Padres Agustinos
es en sí misma una muestra
notable del arte mixto azteco-hispánico.
Es interesante observar las
notables características de su fábrica.
El principio de la construcción
se basa en la utilización de recursos
arquitectónicos propios de las
basílicas romanas, y la notable similitud
de su planteamiento con el Panteon
Romano sorprende al estudiosos de la
arquitectura colonial de México.
Basicamente esta Iglesia está soportada
sin contrafuertes que apoyen el
sostenimiento de su alto techo abovedado.
Los arquitectos coloniales tenían
varias soluciones para resolver este
problema.
El más utilizado es el de la triple
nave que consiste en elaborar alrededor
de las paredes maestras del templo
un sistema de capillas de dos
naves paralelas que sirvan de punto
de descomposición de la fuerza
centrífuga que ejerce el techo
abovedado.
Otra, la más difícil y también la más
arcaica es la utilizada para
esta bella Iglesia de Santa Mónica.
El principio se basa en elaborar
un muro maestro ancho y muy
alto e iniciar el arranque de la bóveda
muy cerca de la base de este muro,
con el fin de que la parte superior de
esta pared ejerza un alto peso
sobre el punto de inserción
de la bóveda neutralizando la fuerza
expansiva. Esto da como resultado
la típica Iglesia-fortaleza, que
habitualmente se encuentra en el período
pre-gótico en Castilla.
Este sistema de lógica simple pero de
gran habilidad es sin lugar de
dudas el más fácil de observar por
los constructores indígenas
que colaboraron con el arquitecto
español.
El principio es una descomposición
gradual de la fuerza, el mismo
utilizado en la construcción de las
pirámides, pero integrado en un solo
muro, un punto interesante de
contacto entre ambas culturas que sin
dudar facilitó la realización
de tantas joyas del arte religioso
colonial como las que podemos
admirar en centenares de pueblos por
todo el territorio mexicano.

TEOTENANGO

Después de que por muchos años se había tenido la certeza de que en la parte norte
del cerro Tetépetl —próximo a la población
de Tenango de Arista— existían importantes vestigios prehispánicos, fue en el año
de 1971 cuando dieron comienzo las exploraciones arqueológicas tendentes a mostrar,
en su cabal grandiosidad, la señalada importancia que alcanzó Teotenango en los
tiempos precortesianos.

A unos veinticinco kilómetros de la
ciudad de Toluca se localiza el
poblado de Tenango de Arista,
que se asienta en un hermoso valle al pie
y al occidente del cerro Tetépetl, en cuya cima los antiguos mexicanos construyeron el
monumental centro ceremonial de Teotenango, que cubre edificios y pirámides, llaman la atención del visitante por su imponente trazo urbanístico.
La palabra Teotenango significa "lugar de
la muralla sagrada", si bien otros nahuatlatos opinan que es más acertada la traducción de "lugar de la muralla de Dios". Pero
no faltan quienes aseveran que el vocablo
náhuatl Teotenango equivale a "dentro de
la muralla divina". las opiniones anteriores
varían ligeramente, en cuanto al correcto
significado del nombre que llevan estos restos prehispánicos, pero lo cierto es que las
tres versiones se refieren a un recinto amurallado. En efecto, en esta zona arqueológica lo que primero sorprende es la presencia de sólidas fortificaciones que dan a este sitio el aspecto de poderoso e inexpugnable bastión.
De acuerdo al juicio de los historiadores la
región que nos ocupa estuvo habitada, desde los postreros días del período clásico, por
las teotenancas, quienes asimilaron la influencia cultural de los teotihuacanos. En
una reseña de este recinto amurallado leemos que Teotenango fue un centro cívico-
religioso, en el que residían los sacerdotes,
militares y demás funcionarios de elevado
rango social, que tenían a su cargo la compleja labor administrativa. Luego vino un
cambio con la llegada de los chichimeco-
matlatzincas, convirtiéndose en un señorío
militarista, circundado por bien trazadas
murallas defensivas, que disponía de todos
los elementos propios de una fortaleza apa-
rentemente inexpugnable. los aztecas llegaron hasta aquí y doblegaron por las armas a sus habitantes, incorporándolos a la
nutrida serie de pueblos tributarios del imperio mexicano.

L as exploraciones realizadas por el
grupo de arqueólogos encabezado
por Román Piña Chan se significaron como el primer paso tendente a la restauración de esta majestuosa zona prehispánica (la cual, a juicio del arqueólogo Virgilio
Reyes —quien desde los primeros trabajos
ha participado en las tareas de reconstruc-

ción de Teotenango, y ahora tiene a su cargo tan monumental centro ceremonial— podría explicar el vacío existente entre el final
de la cultura teotihuacana y el principio de
la tolteca), en la que figuran numerosas pirámides, colocadas en diferentes niveles, un
enorme juego de pelota y una amplia zona
habitacional, destinada a alojar a la poderosa casta sacerdotal. Bajo el piso de lo que
fuera el área reservada a morada de la éli-
te teotenanca se han encontrado numerosos entierros, acompañados de las múltiples ofrendas que era costumbre dejar al
lado de los muertos.

E n una enorme roca, ubicada en un lugar cercano al punto de entrada a

Quetzalcoatl, es la divinidad azteca más conocida, en realidad es un dios tolteca asimilado por los mexica, tal vez durante su viaje desde la mítica Atlan hasta su moderno emplazamiento en Tenotchititlan, es doblemente importante, no solo por la prodigiosa arquitectura que inspiró su imagen, sino también por el rol capital de su leyenda en los presagios de Moctezuma y su relación con Cortés.

Teotenango se observa un relieve que representa a un jaguar disponiéndose a devorar un corazón humano; junto a este grabado aparece una fecha: "2 Tochtli 9 Calli" (2-conejo 9-casa), que se interpreta como un eclipse.

Ascendiendo la escalinata de una muralla llegamos al centro ceremonial, de notable grandiosidad, en el cual impacta la atinada distribución de pirámides y plazas, en un acertado juego de volúmenes arquitectónicos, lo que pone de manifiesto el talento artístico de aquellas gentes, que hace muchas centurias vivieron en estos parajes.

La dilatada extensión de Teotenango obliga a una detenida vista, de manera que sea posible admirar este amplio recinto amurallado, en el cual existen, todavía, muchos monumentos por ser descubiertos de la capa de tierra que los sepulta.

Antes de dar por concluído el recorrido de Teotenango es muy recomendable hacer una visita a las bien dispuestas salas del Museo de Arqueología del Estado de México, aquí en Teotenango, que encierra una magnífica y valiosa colección de extraordinario acervo prehispánico de la entidad. Hay infinidad de piezas, de señalada factura artística, procedentes de diversos lugares del Estado de México, cuyo esplendoroso pasado histórico las hacen ahora sitios de máxima relevancia. Entre otros sitios, figuran aquí objetos encontrados en Teotihuacan, Tlapacoya, Chalco, Calixtlahuaca, Malinalco, Tenayuca y Teotenango, que permiten calibrar la riqueza arqueológica del Estado de México, que tan encomiablemente se preocupa por preservar, para disfrute de la generación presente y de aquellas venideras, su espléndido patrimonio cultural, fruto de los afanes espirituales de los antiguos mexicanos.

TEMOAYA Y EL CENTRO CEREMONIAL OTOMI

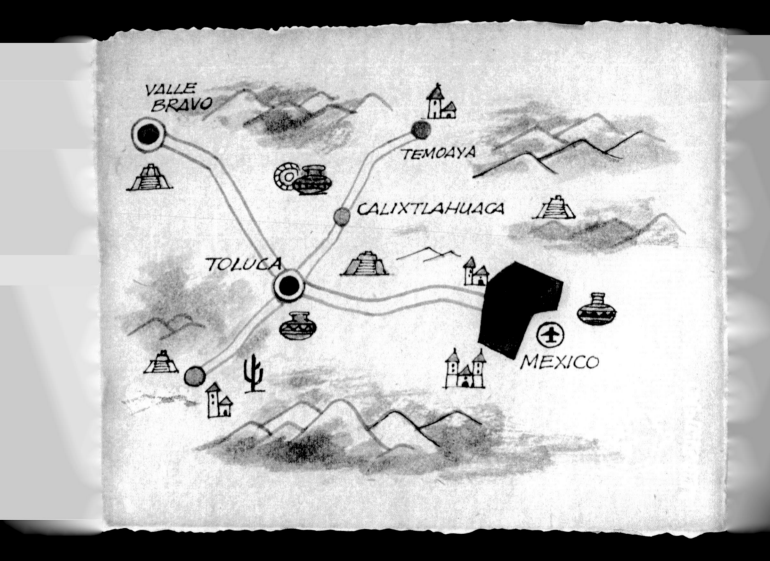

s kilómetros de la ciudad de
r la carretera norte del
México y a 2500 metros de
eado de pinos y
de un clima excepcional
tra una de las
es más interesantes para pasar
adable y admirar uno de
ceremoniales más importantes.
más colorista de la
centro de producción de
más famoso del país.

En un valle de bucólica quietud, cuya belleza escénica invitaba a la paz y al recogimiento espiritual, se levanta el poblado de Temoaya, a veintidós kilómetros de la ciudad de Toluca, siguiendo la carretera que enfila hacia el norte del Estado de México. En este paraje, situado a una altura aproximada de 2 600 me-

tros sobre el nivel del mar, en cuyo ento
abundan las coníferas, se ubica un as
tamiento otomí cuya innata capacidac
tística se ha puesto de manifiesto desde
ce muchos años, al crear delicadas ma
facturas artesanales —especialmente e
renglón textiles—, que por su incomp
ble calidad han sido justipreciadas
doquier.

En efecto, hace ya mucho tiempo que
pobladores de esta zona se distinguen
la tradicional calidad de sus bordados,
sorprenden a propios y extraños, ya que
tas magníficas expresiones del arte pc

lar mexicano cautivan por su exuberancia simbólica y por la reconocida hermosura que las distingue de muchas otras artesanías, en esta entidad que es rica fuente de creaciones de señalada plasticidad.

Gozando de este prestigio no es raro que en Temoaya se haya instalado un centro productor, en gran escala y basándose en las técnicas más modernas, de una artesanía muy especial: el tejido de alfombras de lana anudadas a mano, siguiendo el milenario procedimiento de los tapetes orientales (recuérdese que los persas son muy renombrados, pero los conocedores afirman que las al-

La pequeña población de Temoaya tiene en sus cercanías uno de los más impresionantes monumentos modernos. El Centro Ceremonial Otomí. Magestuoso trabajo realizado en 1981 con el objeto de proveer a esta industriosa raza de un punto de reunión estable para sus rituales religiosos.

El mercado de Temoaya es uno de los más coloridos y simpáticos de las cercanías de la capital, una buena oportunidad para conocer esta población de bucólica belleza.

fombras manufacturadas en Afganistán son las más finas, las más bellas y las más caras en todo el mundo, pues un metro cuadrado alcanza a valer unos dos mil dólares, por la óptima calidad de sus materiales y por el excepcional cuidado con que son tejidas), que ha significado un indudable progreso económico para la localidad del Estado de México que ahora nos ocupa, pues el nivel de vida de quienes en esta tarea se ocupan ha mejorado sensiblemente, al parejo con la gran demanda, tanto nacional como internacional, que existe de tan preciosas alfombras.

Los tapetes anudados a mano hechos en Temoaya (basándose en las tradicionales técnicas orientales, que son propias de las alfombras persas, hindúes, chinas, marroquíes y afganas) son notables

piezas de ornato, por su elaboración, totalmente a mano, que resultan altamente apreciadas, lo mismo en México que en el extranjero, pues debe señalarse que son numerosos los países, como Alemania, Japón, la Unión Americana, Holanda y Francia, entre otros, que solicitan el envío de estas delicadas manufacturas, las cuales, dicho sea sin falso chauvinismo, compiten ventajosamente con las alfombras que se tejen en el Oriente, puesto que los materiales que entran en su elaboración son siempre de la más alta calidad y, por otro lado, la técnica que se sigue es semejante a aquella que, en los países considerados como tradicionalmente exportadores de tan refinadas artesanías, suele emplearse.

El centro Ceremonial Otomí es uno de los grandes trabajos arquitectónicos de los últimos años. Ubicado a pocos kilómetros de la bella población de Temoaya es para los industriosos otomíes, el punto de reunión y culto a sus ancestrales tradiciones.

En la población de Temoaya, en el Estado de México (elegida después de un concienzudo estudio sociológico como el centro urbano más adecuado para instalar ahí un centro piloto de producción artesanal de alfombras, ya que sus habitantes se han distinguido desde hace muchos años por ser excelentes tejedores de chincuetes, que son las faldas plisadas de lana, de fajas de algodón y de bolsas de ixtle) empezó a funcionar en 1974 la "fábrica de alfombras" anudadas a mano cuyos diseños han sido obra de prestigiados artistas nacionales y extranjeros. Los artesanos de Temoaya, que tienen acusada sensibilidad y talento artístico para estos bellos trabajos manuales, han salido beneficiados con esta productiva actividad laboral, ya que algunos de los tejedores han sido enviados a diversos países de Oriente para aprender la técnica milenaria, y a su regreso han transmitido sus conocimientos a otros artesanos, para mejorar la ya de por sí notoria calidad de estos trabajos artesanales.

La mayoría de los tapetes que llevan el apelativo "Temoaya" están manufacturadas con base a diseños mexicanos. Los mismos nombres de esos diseños revelan el acendrado nacionalismo que priva en tan exquisita forma de arte popular mexicano: "Cora", "Papantla", "Guanajuato", etc., y hay más de veinte motivos diferentes, en tamaños variados, de los cuales el más grande tiene tres por cuatro metros.

La visita al centro productor de tapetes y alfombras "Temoaya", nombre con el que ya son internacionalmente conocidas estas magníficas creaciones, resulta en verdad aleccionadora, pues nos permite contemplar la forma como de las hábiles manos de los anónimos artistas que allí trabajan van saliendo exóticos diseños, de gran hermosura y colorido, que más tarde darán forma a una alfombra cuyo precio en el mercado corre parejo a la gran calidad que la distingue.

Temoaya ha adquirido en los últimos años una importancia capital dentro de las artesanías mayores de México. En ella se ha instalado la moderna escuela de tejedores de tapices, en ella los artesanos otomíes desde siglos, hábiles tejedores y bordadores, dan rienda suelta a sus cualidades artísticas, plasmando en delicados trabajos, nudo a nudo, la inspiración de los mejores artistas mexicanos.

Extraordinarias alfombras que por mérito de su notable calidad compiten hoy con las más famosas del mundo. Sus artesanos han recibido instrucción especializada en los tradicionales centros orientales de tejido de tapetes y alfombras, adquiriendo con ello una deparada técnica que han hecho del sello Temoaya un distintivo de calidad entre los entendidos.

El recorrido que el visitante hace en Temoaya, que cuenta con una pequeña pero muy interesante iglesia —de rojas cúpulas—, con una amplia plaza, —en donde los domingos se instala un bullicioso mercado— y con edificaciones típicamente provincianas, que la tornan más grata a los ojos de los paseantes, se complementa con el Centro Ceremonial Otomí, distante una decena de kilómetros. En el Cerro Catedral, sitio muy arbolado que le brinda un acentuado ambiente natural, se edificó en 1981 una construcción única en su tipo en México, ya que este lugar a juicio de los especialistas" sorprende tanto por sus dimensiones escultórica y arquitectónica, como por lo que se refiere a sus finalidades espirituales, rituales y religiosas del pueblo otomí". Este monumental centro fue el resultado de la labor conjunta de diversos artistas, quienes crearon esta impactante magnificiencia arquitectónica que subyuga a quien se aproxima a ella, ya que desde lejos se contempla el esplendor de las masas pétreas perfectamente integradas al medio ambiente.

Al llegar y ubicarse ante los numerosos espacios abiertos pródigamente pletóricos de esculturas, todas ellas de gran belleza y simbolismo, el ánimo se siente sobrecogido delante de esta formidable expresión plástica, cuyos fines ceremoniales fueron tan atinadamente captados por aquellos que intervinieron en esta ambiciosa cuanto bien realizada obra de colosales dimensiones.

Muy cerca de la entrada se halla el Dios del Aura, una singular escultura de gran tamaño. Un poco más allá vemos el Mural de los Jaguares, y continuamos hacia arriba siguiendo las escalinatas y pasillos para admirar los enormes pebe-

teros, que dan la impresión de ser gigantescos vigías de este sacro recinto. En la parte superior destaca una escultura que representa el sol, realizada en bronce, que domina el espléndido conjunto destinado a preservar las tradiciones de la comunidad indígena otomí, que en este hermosísimo lugar, desde donde se vislumbran panorámicas de increíble belleza, ha visto levantarse el Centro Ceremonial Otomí, cuya repetida visita es indispensable para captar en toda su cabal y sorprendente grandiosidad el espíritu del pueblo otomí, que en sus lares tiene un sitio de recogimiento espiritual en donde se haga perdurar el señorío de su raza.

LA CAPILLA
DE CHAPINGO

Un buen domingo puede resultar perfecto
con una visita la ciudad de
Texcoco y su mercado, que es uno de los
más famosos de las proximidades
de la capital. A tres o cuatro kilómetros
de Texcoco se encuentra la escuela
Nacional de Agricultura en los terrenos
de lo que fuera la Hacienda del
Presidente Manuel González.

Muchos han sido los críticos de
arte que han calificado a México como un país donde el
sentido artístico ha aflorado a raudales, lo-
grándose con ello las más excelsas obras
de la creatividad plástica en un pueblo que
hace milenios trocaba la dureza de la piedra en magníficas expresiones escultóricas

y arquitectónicas, la ductilidad del barro en
las más notables formas de la cerámica y
tenía el conocimiento de las propiedades de
pigmentos de diverso origen para plasmar
en los muros de sus palacios espléndidos
frescos que hoy en día son motivo de general admiración.
Los estudiosos del arte mexicano dividen
en tres grandes etapas a la pintura mural.
La primera sería aquella de la época prehispánica, que permitió el florecimiento de
ciudades como Bonampak (la grandiosa urbe cuyo nombre significa en maya ''muros
pintados''), y como Teotihuacan (con sus ini-
gualables murales de Tetitla y Tepantitla). La

El paisaje en los alrededores de Chapingo
es de duro tipismo. En un marco
semidesértico viven los texcocanos
pueblo que tuvo por rey a Metza-Halcoyotl
"El Rey Poeta" quien en sus poemas
místicos, predicaba la existencia de un
solo Dios, único y todopoderoso.

segunda fase de este movimiento estético
está dado por el arte de la época colonial,
cuando anónimos pintores plasmaron en
los muros de las iglesias y de los conven-
tos las muestras de su cambiada sensibilidad religiosa: habían trocado sus viejos pre-
ceptos teogónicos por la recientemente im-
puesta vivencia de la fe católica, y ellos supieron dar libre cauce, cual exuberantes
imagineros, a su desbordada poesía y emo-
tividad.

Al surgir, explosiva y arrebatado-
ra, la Revolución mexicana de
1910 se hace patente la eclosión
de un fenómeno social que da origen a un
movimiento pictórico de proyección univer-

sal: el muralismo mexicano, representado
en sus comienzos por tres enormes pintores que fueron José Clemente Orozco, Diego Rivera y David Alfaro Siqueiros, que más
tarde serían seguidos por una nutrida legión
de artistas, entre los que contamos a Juan
O'Gorman, a Pablo O'Higgins, a Alfredo
Zalce, a José Chàvez Morado, a Leopoldo
Méndez, a Rufino Tamayo, a Jorge González Camarena y a Pedro Coronel.
Si bien ya por el año de 1916 el Doctor Atl
(seudónimo del pintor Gerardo Murillo, que
había recorrido Europa de 1896 a 1904 y
que al volver a México venía inflamado del
genio de un Miguel Angel y de su maravillosa Capilla Sixtina) había realizado un proyecto para decorar con pinturas murales el
cubo de la escalera de la Escuela de Bellas Artes, no fue sino hasta 1922 cuando
nació —podemos decir, oficialmente— el
muralismo mexicano. José Vasconcelos había regresado de su destierro y al frente de
la Universidad inició una extraordinaria la-

la más extraordinaria: "la sinfonía mural ejecutada en la bóveda y muros del Salón de Actos de Chapingo, que es sin duda alguna el trabajo de un genio, una obra maestra cuya perfección nos asombra", diremos que fue realizada en el edificio principal de lo que fuera la Hacienda de Chapingo, propiedad del general Manuel González (político mexicano que fuera Presidente de la República de 1880 a 1884), donde el 20 de noviembre de 1923 se inauguró la Escuela Nacional de Agricultura, que antaño había funcionado —desde 1854— en San Jacinto. Diego Rivera decoró, al fresco, la estrecha y oscura capilla de la hacienda, llenando con su luminoso mensaje, que es una exaltación a todos los que trabajan la tierra, este recinto que ahora es obligado punto de silenciosa admiración de parte de quienes gustan del arte mexicano.

Magníficas tallas en madera de las puertas de la vieja hacienda.

bor en pro de la cultura nacional. Ese controvertido escritor encargó a Diego Rivera el primer mural: la encáustica en el Anfiteatro Bolívar, de la Escuela Nacional Preparatoria. Ahí Diego, llegado a México apenas el año anterior después de una permanencia de dos lustros en Europa, pintó la colosal composición denominada "La Creación". Poco después Vasconcelos también encargaría a José Clemente Orozco que pintase los muros de los corredores de la Escuela Nacional Preparatoria, donde este violento y genial artista produjo espléndidas obras, entre las que destacamos "Maternidad", "La Trinchera" y "Cortés y la Malinche".

Enfocando nuestra atención hacia Diego Rivera y su obra calificada como

Jardines de la hacienda con la estatua de "La Fecundidad de la Tierra" alegoría que sirve de emblema a la Escuela Nacional de Agricultura.

La puerta de acceso a la ex capilla es de madera y luce seis tableros realizados, sobre dibujos de Diego Rivera, por el tallista Abraham López. En el superior izquierdo se aprecia la hoz y el martillo, así como una estrella sobre un haz de espigas. En el tablero superior derecho vemos el símbolo del dinero, una bayoneta y una cruz, y como fondo plantas de maíz.

En el tablero central, del lado izquierdo, está la imágen de Zapata luciendo doble canana sobre su pecho; y además una hoz y una estrella, y dos letreros. "Tierra libre para los hombres libres", se lee en uno, mientras que el otro apunta: "Los buenos estarán siempre con Emiliano Zapata". En la parte central de esta puerta leemos el siguiente mensaje: "Con dibujos de Diego Rivera se hizo en el taller de el (sic) tallista Abraham López y hno. en México, D.F., diciembre de 1924". En el lado opuesto hay otro letrero: "siendo Secretario de Agricultura y Fomento el Ing. Marte R. Gómez y Director de esta escuela el Ing. Manuel Meza, y Presidente de la República el Lic. Emilio Portes Gil. Diciembre de 1929."
En el tablero central del lado derecho apa-

recen dos personajes bajo la leyenda "estos son los malos". La figura de la izquierda lleva una máscara de la cual parece salir la frase: "Estoy con la Revolución", en tanto que junto a su boca aparece la expresión "Yo defenderé tus intereses y tú me recompensas", al tiempo que recibe de un plutócrata una bolsa de dinero.

En la parte inferior, a la derecha, hay varios personajes: un niño que tira de un carrito, una pareja de acomodados burgueses y el rostro mofletudo de un clérigo. Estas figuras representan a la aristocracia, y como contrapartida, del lado opuesto vemos a cinco campesinos, destacando como el mejor logrado el hombre del centro, que lleva su pecho cruzado por una canana y en sus manos sostiene sus aperos de labranza.

Al trasponer estas angostas puertas talladas con tanto primor nos adentramos en un mundo de inefable belleza, donde todo nos habla de un dulce y tierno canto a la madre tierra, y como si este mensaje, preñado de grandiosidad y hermosura, no fuese lo suficientemente claro, muy próximo al sitio de acceso vemos una leyenda que a la letra dice: "A todos los que cayeron y a todos los miles de hombres que todavía han de caer en la lucha por la tierra, para hacerla libre y que puedan fecundizarla todos los hombres con el trabajo de sus propias manos. Tierra abonada en la sangre, los huesos, la carne y el pensamiento de los que supieron llegar al sacrificio. Dedican, devotos, el trabajo de esta obra los que la hicieron: Juan Rojano, Efigenio Téllez, albañiles; Ramón Alva Guadarrama, Máximo Pacheco y Pablo O'Higgins, ayudantes, y Diego Rivera, pintor".

En algún otro escrito nuestro acerca de la pintura mural mexicana escribimos un párrafo que ahora consideramos oportuno reproducir. "Es muy probable que la primera impresión que se tiene de la Capilla de Chapingo sea de asombro, por la suprema majestuosidad y augusta belleza que aquí reinan; impresión ésta que juzgamos semejante a la que experimenta el visitante en la Capilla Sixtina, la colosal obra de Miguel Angel. En sitios como éste queda uno arrobado por la hermosura que impera en el recinto. Todo lo que ahí se admira, todo lo que nuestros ojos contemplan, nos habla, por medio de imágenes encantadas, plenas de color, de la madre naturaleza, de la tierra buena, de la cual recibimos sus mejores dones y a la cual, de manera inexora-

ble, volvemos al cumplir el ciclo vital. Impactado por la espléndida majestuosidad de esta Capilla el crítico Antonio Rodríguez exclamó: "¿Cómo no maravillarse y temblar de emoción ante semejante milagro del arte, que llega al virtuosismo de expresar sentimientos y pasiones íntimas a través de figuras humanas?".

Las puertas de la vieja hacienda del general Manuel González, presidente de México desde 1880 a 1884, bajo dibujos originales de Diego Rivera fue realizada por el tallista Abraham Lopez y su hermano en diciembre de 1924.

Detalle del tablero central del lado derecho en donde aparecen dos personajes con la leyenda "Estos son los malos" La figura de la izquierda lleva una máscara de la que sale la frase "Estoy con la Revolución" en tanto que de su boca sale la frase "Yo defenderé tus intereses y tú me recompensarás" al tiempo que recibe de un plutócrata una bolsa con dinero.

La puerta de la capilla de Chapingo es una muestra del fervor despertado por la Revolución Mexicana en los artistas del primer tercio de siglo.

En el tablero superior derecho, vemos el símbolo del dinero, una bayoneta y una cruz, y como fondo plantas de maíz.
En el tablero central vemos a Zapata con la doble canana sobre el pecho, una hoz y una estrella y los textos "tierra libre para los hombres libres" y "Los buenos estarán siempre con Emiliano Zapata"
En la parte inferior se ve un campesino alzado en armas.

Otro gran conocedor del arte mexicano que estudió con detenimiento esta soberbia obra de Diego Rivera fue Justino Fernández, quien afirmó: "Del Salón de Actos de Chapingo hay que hablar con el sombrero en la mano. Obra que por sí sola justificaría la fama de Rivera y de la pintura mexicana, contiene todo aquello de que el artista ha sido capaz... Los desnudos femeninos hacía tiempo en la historia que no alcanzaban tanto esplendor y grandiosidad. "La Tierra Dormida" quedará entre obras semejantes del pasado, aventajándolas, pues, ¿dónde encontrar otra de esa monumentalidad, fino sensualismo, poesía y emoción auténtica? Chapingo es la obra maestra de Diego Rivera".

Para nuestro gusto las pinturas del primer cuadro del lado derecho figuran entre las más bellas de este recinto. En la parte inferior yacen los cuerpos inanimados de los mártires del agrarismo: Zapata y Montaño, cubiertos por la tierra de la que vemos nacer la milpa. Más allá, tres mujeres envueltas en sus largos mantos lloran de rodillas la muerte de un campesino, mientras que cinco hombres, armados y dispuesto a la lucha, contemplan de pie la triste escena. Cada uno de los cuadros pintados por Diego en este recinto constituyen magistrales expresiones de un privilegiado talento pictórico. Haciendo gala de su capacidad creativa pudo superar las ingentes dificultades que le brindaba este salón, y plasmó imágenes preñadas de sensualismo y plasticidad, como ese soberbio desnudo que desde el fondo parece dominar con su opulenta figura todo el conjunto.

Para concluir con este comentario qué mejor que transcribir la opinión de Luis Cardoz y Aragón, lúcido analista de la pintura contemporánea de México. "Se ha dicho de la Capilla de Chapingo que es la Capilla Sixtina de América. Se han repetido encomios y analogías. Precisemos: al entrar nos damos cuenta de la relación de la pintura con la arquitectura. Poco a poco iremos discerniendo las dificultades que presentaba la bóveda, la luz que penetra por las ventanas redondas del muro de la derecha.

Un canto de color, una armonía de proporciones nos inunda sin que nos detengamos a contem-

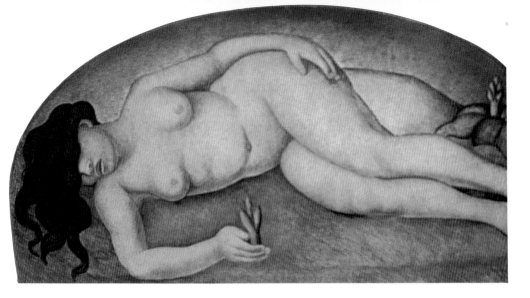

La tierra Dormida.

plar los detalles sino a recibir la impresión de la totalidad: estamos inmersos en el mundo de Rivera, la sensualidad y el júbilo de la vida. La perfección se descubre en todas partes... El dibujo es elocuente; el color, opulento y medido. La forma y la adecuación a la arquitectura es de lo más inspirado del pintor... Las tragedias que pintó Rivera no emocionan. No es un pintor trágico, sino un pintor exuberante, millonario de gozo. El tema es la tierra, el peón agrarista. Yo encuentro en Chapingo su panteísmo y su erotismo cósmico. Es un canto a la tierra en la tierra misma y en su asunción en la carne de la mujer. Con pasión telúrica y animal, justa la emoción solar de su alegría, Rivera se hunde en esa tierra para resurgir con su visión cosmogónica... Son los más hermosos desnudos de la pintura mexicana. Es como una visión totalizadora de la naturaleza con el perpetuo nacimiento de Venus".

Tras las bellas puertas se abre la Capilla, obra maestra de un arte mural que alcanzaría de la mano del propio Diego Rivera las máximas expresiones de calidad. La capilla y salón de actos de Chapingo es una sinfonía que abarca todo lo imaginable dentro de la alegoría la tierra, los labradores, el sudor, la cosecha están presentes en un juego colorista y expresivo.

Niño Campesino.

119

LAS GRUTAS DE JUXTLAHUACA

Localizadas a cuarenta y cinco kilómetros de la ciudad de Chilpancingo, las grutas son facilmente abordables desde la carretera que une esta ciudad con Acapulco, gracias a un camino de terracería que nace en el paraje denominado Petaquillas, y se prolonga hasta el pueblo de Colotlipa, nombre con el que también se conocen estas grutas.

Durante mucho tiempo se pensó que las cavernas eran "bocas del infierno", a donde no convenía acercarse mucho, y por ello los hombres miraban con respetuoso temor las grutas y las profundas oquedades de la tierra. Así pasó mucho tiempo antes que, haciendo acopio de valor y temeridad, algunos decididos se atrevieran a explorar esas simas, para quedar literalmente maravillados con las hermosuras que engalan las galerías subterráneas. Vino luego, por lo que a Europa respecta, una época de intensa actividad en estos lugares, y para designar esa fascinante actividad científico-deportiva se

En México existen varias cuevas y
grutas de reconocido atractivo, pero
en opinión de los espeleólogos
Juxtlahuaca, guarda encantos y emociones
muy singulares.

acuñó el término de espeleología, atinado vocablo creado por el prehistoriador Emile Rivière en el año de 1850. La palabra espeleología viene de las raíces griegas spelaion, que significa caverna, y logos: estudio. En un sentido amplio "es la disciplina consagrada al estudio de las cavernas, de su génesis y su evolución, del medio físico que representa, de su poblamiento biológico actual o pasado, así como de los medios y técnicas adecuadas para su exploración".

En Europa es particularmente crecido el número de las cavernas que se conocen. Muchas de ellas son en extremo interesantes por las grandiosas manifestaciones del arte, principalmente rupestre, de la prehistoria, entre las que se cuentan Altamira en España y Lascaux y Rouffignac en Francia. Pero también Yugoslavia, Austria, Suiza y Checoslovaquia encierran numerosas cavernas, cada día mejor conocidas merced al arrojo de los espeleólogos, que incasables recorren las entrañas de la tierra y hacen descubrimientos de lugares de irreal hermosura, los más de ellos vedados a los ojos del común de las gentes.

En México existen diversas grutas de reconocido atractivo. Quizá la más conocida sea Cacahuamilpa, pero somos de la opinión, compartida por muchos otros, que han explorado infinidad de simas en nuestro país, que las de Juxtlahuaca guardan encantos más sorprendentes. Estas grutas se localizan a una distancia que escasamente llega a los cuarenta y cinco kilómetros desde

Recomendamos localizar en el pueblo de Colotlipa a Don Andres Ortega, el guía oficial de este maravilloso paraje, quien como nadie guía al viajero mostrándole las más curiosas formaciones, las pinturas rupestres y la extraña musicalidad de las estalactitas.

121

Durante la visita a las grutas se recorren múltiples "salones" o ensanchamientos en los que las formaciones estalactíticas y estalagmíticas han dejado libres amplios recintos.

La imaginación ha ido dando nombre propio a las formaciones naturales, así aparecen:
"La falsificación de los documentos",
"Los besos milenarios",
"La marimba", "La campana"
"El salón especial".

la ciudad de Chilpancingo. Ahí se encuentra el pequeño poblado de Colotlipa, perteneciente al municipio de Quechultenango. Un pequeño letrero sobre la carretera que enlaza Chilpancingo con Acapulco, en el punto denominado "Petaquillas", señala el camino de terracería que conduce a Juxtlahuaca. Esta vía se prolonga hasta la entrada de la caverna, pasando por Colotlipa, de donde toman su nombre. Pero hay que anotar que a veces se les denomina de Colotlipa y otras más se habla de las grutas de Juxtlahuaca. Una minúscula aldea perdida en la imponente.

Para visitar estas galerías subterráneas de increíble belleza conviene localizar en Colotlipa a don Andrés Ortega, quien funge desde 1958 como el guía oficial de la caverna, y no hay nadie, excepción hecha de su hijo, que las conozca como él. En centenares de ocasiones las ha recorrido: bien llevando a los visitantes a los sitios de mayor interés, bien explorando nuevos salones que él ha encontrado se hallan comunicados entre sí. Merced al hecho de conocerlas como la palma de su mano èl es la persona idónea para mostrar sus mil y un detalles, sus numerosos salones, pasadizos y galerías que hacen de una visita a estas simas una provechosa y singular lección de historia natural, plena de belleza y encanto.
Muy próxima a la entrada de las grutas se localiza un gigantesco salón llamado "El Infierno". Aquí vimos miles y miles de murciélagos. Estos quirópteros son los únicos mamíferos voladores, y junto con los vampiros (se les designa con el término de hematófagos, por succionar —chupar— la sangre de sus víctimas, generalmente animales del ganado vacuno) pueden ser vistos en detalle, ya que algunas veces caen al suelo y pueden ser tomados en las manos sin ningún peligro.

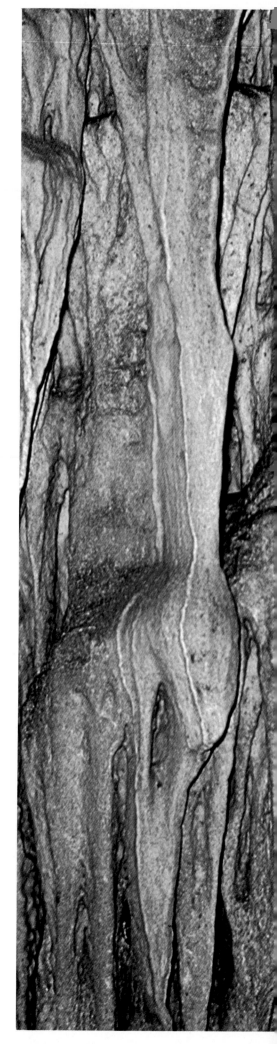

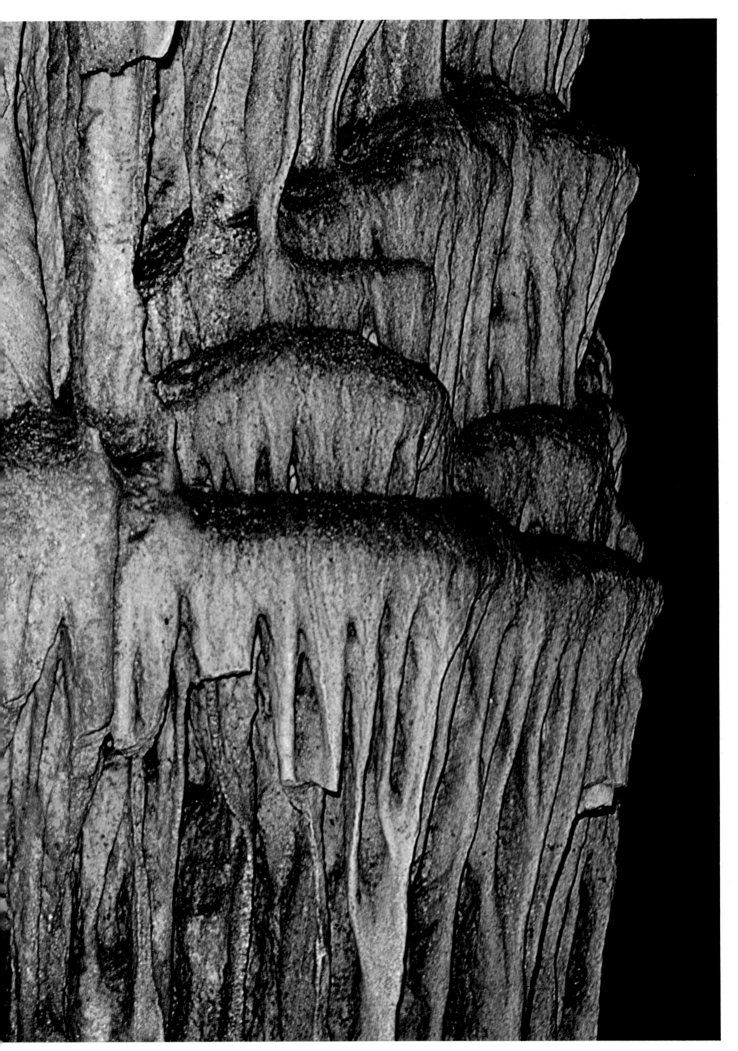

Las estalagmitas y estalactitas, son el producto de la precipitación de las sales disueltas en el agua que gotea durante milenios. Alguna de las grandes formaciones de Juxtlahuaca tienen una antigüedad de varios millones de años.

Maravillosas formaciones calcáreas en las que la acción del agua y las sales logran forjar maravillas visuales para el espeleólogo y el turista amigo de lo único y original.

llá por el mes de mayo de 1959, escribimos un artículo en el cual hacíamos referencia a estas grutas de Juxtlahuaca, sin olvidar a don Andrés Ortega, su virtual "propietario" (conviene mencionar que él las ha cuidado con tanto esmero, ha arreglado el sendero interior y ha velado por su natural conservación, evitando el vandalismo más o menos innato en los miles de visitantes que las han recorrido, y por estas razones somos de la idea de que sería muy deseable que tantos otros lugares de acentuada hermosura natural en México pudieran tener un "dueño" como lo tienen estas cavernas de Juxtlahuaca, ya que de esta manera se encontrarían en un excelente estado de conservación). En aquella nota periodística hablábamos de las pinturas rupestres que engalanan la llamada "Sala Ritual". Desde entonces ha ido en aumento el interés en torno a éstas, quizá las únicas —por lo menos los arqueólogos han asentado que no se conocen otras similares— expresiones pictóricas rupestres de los misteriosos olmecas. En opinión de los conocedores del arte de este pueblo mesoamericano las pinturas murales tienen una antigüedad de casi tres mil años, pues se les sitúa allá por el año 900 antes de Cristo. También han sido encontrados en diversos puntos de estas cavernas restos petrificados, quizá de seres que, siguiendo costumbres milenarias, lo mismo en otros continentes que en el nuestro, inhumaban a sus familiares en los rincones de las simas, lejos del alcance de las fieras salvajes.

La espeleología es la ciencia dedicada
a la investigación de estas
formaciones subterráneas.
Su nombre es un vocablo creado en 1850
por el prehistoriador Emile Rivière
a partir de los vocablos griegos
"spelalion" que significa caverna y
"logos" estudio.
Su desarrollo moderno gracias a los
nuevos equipos de
iluminación, radiotransmisores de onda
corta y al paralelo desarrollo
de los equipos de alpinismo, han llevado
al hombre a descubrir el
maravilloso paisaje de las entrañas
de la tierra.

Allá por el año 900 antes de Cristo,
un anónimo artista olmeca
descubrió que su pintura aplicada sobre
las formaciones naturales de la cueva
adquirían un curioso relive.

Las cuevas no fueron habitadas
regularmente, pero si constituyeron un
punto adecuado para el culto, la
magia y los conjuros, de allí la riqueza
de este tipo de yacimiento en
pinturas rupestres que más que una
simple representación pictórica
constituye el primer intento de erigir
templos.

En una visita a las grutas de Juxtlahuaca se recorren múltiples salones subterráneos, bautizados por Andrés Ortega con nombres sugestivos, algunos de ellos plenos de picardía, como "La Falsificación de los Documentos", "Los Besos Milenarios", "La Marimba", "La Campana", "El Salón Espacial" y "La Fuente Encantada", pero hay que llegarse hasta "La Sala de Cristal", lugar donde la caverna ha producido flores de piedra en lo más profundo de esta sima, que cautiva a quien la visita. Esta galería se encuentra en la parte más interior, tras de pasar caminando un pequeño estanque de cristalinas aguas, donde las estalactitas y las estalagmitas adoptan caprichosas formas, en este alucinante espectáculo de una naturaleza exuberantemente creativa a su máxima expresión.

Recorrer las grutas de Juxtlahuaca es un aleccionador testimonio (y nada difícil ni peligroso, por lo demás) de las mil y una maravillas que se encierran en las entrañas de la tierra, y disfrutar de este espectáculo de inusitada belleza se encuentra prácticamente al alcance de todos. Si usted se decide a conocerlas será testigo de un recinto subterráneo de fantástica hermosura, como hay pocos en México.

El fenómeno de las pinturas rupestres, adquiere con los misteriosos pueblos olmecas verdadera entidad, constituyendo un punto de enorme interés para el investigador de las religiones primitivas y los amantes del arte en sus primeras manifestaciones de ritmo y color.
La técnica empleada se basaba en los mismos principios actuales de la pintura al óleo.
Aglutinar pigmentos, tierras y juegos de plantas de fuerte coloración con grasas animales derretidas al calor.

127

"FANTASMA"
DE POZOS

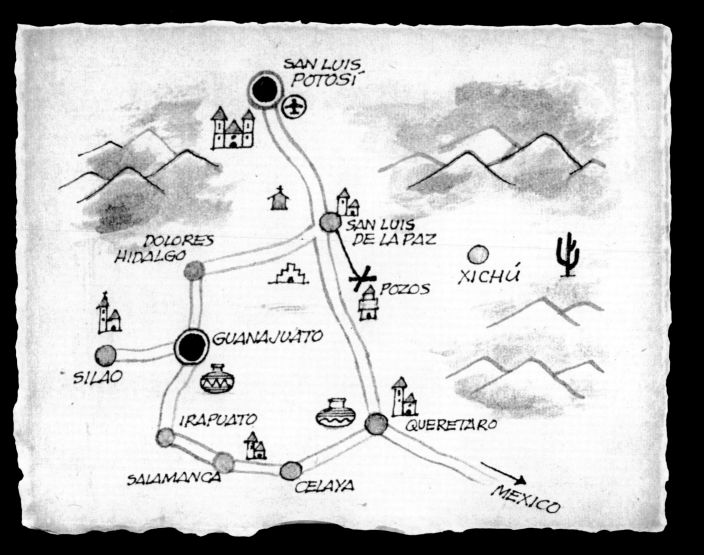

Complementando una visita al Bajío,
es interesante conocer un
aspecto divertido de nuestra propia
"Fiebre del oro", visitando la población
de Pozos que hace unos tres siglos
ya era famosa por sus minas y que llegó
a un repentino y rutilante esplendor
en el siglo pasado.

En el tercer tercio del siglo XVI el Virrey Enríquez de Almanza ordenó la construcción de los establecimientos llamados "presidios", a lo largo del "camino real" hacia el norte de México. Eran los lugares donde había guarniciones, cuyos soldados tenían por misión especial la defensa de las poblaciones aledañas. Así nació el Presidio del Palmar de Vega para frenar las repetidas incursiones de los feroces indios copuces y guaxabanes (pertenecientes a la familia chichimeca, que participaron durante cuatro décadas en la llamada Guerra Chichimeca, que asoló las regiones del centro del país en donde estos aborígenes tenían sus reales), en una zona que cobraba paulatina importancia por su gran riqueza minera. Este poblado habría de ser elevado a la categoría de ciudad con el nombre de "Porfirio Díaz", de acuerdo al decreto publicado en el periódico oficial del Estado de Guanajuato, del pri-

Hoy el viajero sólo encuentra las ruinas de los palacios de los afortunados, el resto se ha desplomado y ha regresado a la noble tierra que brindó los medios para su efímero apogeo.

mero de mayo de 1897. Más tarde cambiaría su denominación por la de Pozos, nombre con el que es conocida actualmente esta simpática población sita a diez kilómetros de San Luis de la Paz y a veinte de San José Iturbide.

De varios siglos data el auge que alcanzó la minería en el Estado de Guanajuato. Cuando Alejandro de Humboldt visitó la Nueva España, a principios del siglo pasado, fue informado que había en funcionamiento unas tres mil minas, cuyas bocas o tiros sumaban muchos miles

más, ya que una mina solía tener varios tiros. Para fines del siglo XVIII esta entidad producía cifras impresionantes de lingotes de plata, que casi duplicaba la producción de su más cercano seguidor, que era el Estado de San Luis Potosí. De los yacimientos más importantes, por la crecida cantidad de plata y de cobre que se extraía de sus minas, figuraba el Mineral de Pozos en lugar preponderante.

Se piensa que las primeras explotaciones en Pozos se remontan al siglo XVII, quizá cuando los frailes jesuítas instalaron las primeras fundiciones. Ya en épocas más recientes, en la segunda mitad del siglo pasado, tuvieron lugar las dos bonanzas que registra la historia de esta población, mismas que motivaron un formidable apogeo urbano y una espectacular "fiebre de oro", que elevó a treinta y cinco mil el número de sus habitantes.

A principios del siglo actual vino un colapso y el auge minero se derrubó estrepitosamente, ocasionando la salida de muchos de sus moradores, en busca de mejores condiciones de vida. Así fue como, en cierta manera, Pozos se fue convirtiendo en un pueblo fantasma. Muchas de las casas, sobre todo aquellas construídas con adobe, se vinieron abajo, y la otrora floreciente urbe fue decayendo a ojos vistas.

El viajero que llega a Pozos, magníficamente conectada con la parte central de la República, se encuentra con una bucólica ciudad que, hoy en día, es objeto de varios proyectos tendientes a conseguir su reconstrucción y consiguiente resurgimiento urbano. El gobierno de la entidad ha destinado una parte de su presupuesto para hacer posible este acertado programa, que trata de

Fantasma importado de Francia, este viejo caserón construido hace un siglo y medio por un próspero inmigrante galo, excelente minero que supo arrebatarle a la tierra sus mezquinas riquezas, es hoy un poco el símbolo de este pueblo de silencios.

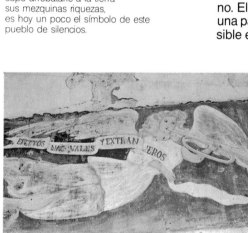

Curioso cartel de una vieja tienda que habla por sí mismo de la prosperidad, refinamiento y halago de sus sentidos que alcanzó con sus bonanzas esta simpática villa.

Los nombres de "San Bartolomeo", "El Triángulo", "Los cinco señores" y otros que el tiempo y la soledad se llevaron para siempre recuerdan las portentosas minas de plata que llegaron a ensombrecer el prestigio de la mítica San Luís Potosí.

convertirla, de nueva cuenta, en una pujante población cuyo número de habitantes se incremente, para un indudable progreso citadino que a todos beneficie.

V arios son los edificios cuya visita es recomendable. "La Santa Casa" fue una iglesia que a duras penas se mantiene en pie. En el derruído campanario quedó abandonada una solitaria campana, cuyo tañer ya no se escucha más, como antaño solía ocurrir cuando llamaba a los servicios religiosos. Junto está la Capilla del Señor de los Milagros, que se pensó alcanzaría las dimensiones de un gran santuario, consagrado al santo patrón de los mineros. Hacia otra parte de la ciudad, a donde fácilmente se llega en automóvil, están los restos de la "Escuela Modelo de Oficios", levantada en el siglo pasado. De impresionantes dimensiones, sólo conserva al presente sus elevados muros, ya que, al igual que en casi todos los otros edificios en ruinas, la techumbre y el maderamen ha desaparecido.

Desde el barranco en donde
estaban emplazadas importantes
instalaciones destinadas a beneficiar
y refinar el metal, sólo aparece
la solitaria torre de la Carona, mudo
testigo que se niega a rendir
su altivez.

de San Baldomero, de "El Triángulo" y "Los
Cinco Señores", ésta última de un tamaño
que se antoja colosal.

En este punto dejamos el automóvil y fuimos caminando hasta "La Escondida", distante unos quinientos metros en una hon-
donada. Ahí, cual visión arrancada de un
país europeo, se halla un almenado castillo, obra quizá de algún nostálgico terrate-
niente que no podía apartar de su mente
los edificios de su tierra natal.

Se dice que hay unas sesenta minas inundadas en este antaño floreciente Mineral de
Pozos, a las cuales llaman los mineros "Las
Minas Ahogadas". Quizá las vetas se ago-
taron, y dejaron de producir por la excesiva

Siguiendo el mismo camino de terracería que nos condujo hasta la
derruída escuela llegamos a diversas plantas beneficiadoras. Aquí procesaban los minerales extraídos de las entrañas de la tierra. De ellas únicamente quedaron en pie
los cascarones, de sólida piedra, ya que todo lo demás se esfumó al correr de los
años. Por ahí vimos los restos de las minas

explotación a que eran sometidas. Quizá los métodos de extracción de minerales no fueron lo suficientemente productivos como para que continuaran los trabajos, en las galerías subterráneas y en las plantas beneficiadoras —que nosotros contemplamos abandonadas en este paraje—, y por cualquiera de estas causas vino la decadencia de la minería en esta región guanajuatense, que trajo como consecuencia lógica que gradualmente se fuera desploblando Pozos, tornándose en un pueblo fantasma.

Ruina de la "Escuela Modelo de Oficios" magestuosa construcción que albergó una de las iniciativas culturales más importantes.

Pero es muy probable que el programa tendiente a que esta ciudad vuelva a resurgir, como ave fénix citadina, se haga realidad y entonces el Mineral de Pozos adquiera renombre entre los viajeros, quienes encontrarán en ella escenarios poco comunes, lo que tornará más grata la visita.

La arquitectura de las beneficiadoras del metal alcanzó gran calidad, incorporando trazados y diseños provenientes de Europa, es una clara muestra de su espíritu cosmopolita y emprendedor.

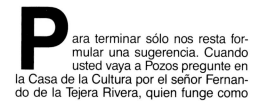

Para terminar sólo nos resta formular una sugerencia. Cuando usted vaya a Pozos pregunte en la Casa de la Cultura por el señor Fernando de la Tejera Rivera, quien funge como

La historia de esta ciudad se remonta al primer tercio del siglo XVI en que el Virrey Enriquez de Almanza mandó establecer cuarteles a lo largo del Camino Real con la idea de tener una linea de puestos avanzados que facilitaran las operaciones de la Guerra de Chichimeca que se encontraba estancada y con serias posibilidades de involución para sus tropas.
Con el tiempo esta diminuta población vió incrementada su población gracias a su notable riquieza minera, mereciendo ser elevada a la categoría de villa.
Los jesuítas se asentaron en la región incorporando al tratamiento del metal sus tecnologías de refinamiento.

promotor de ese organismo. Esta amable persona nos mostró la interesante exposición fotográfica en ese lugar expuesta al público, que muestra escenas en torno a la restauración proyectada, así como de los edificios más característicos. Una vez que se haya tomado conocimiento de la evolución histórica del mineral, por medio de esas fotografías, el recorrido por los alrededores será más grato y provechoso para quienes visiten el Mineral de Pozos, en el Estado de Guanajuato.

Durante el período de esplendor de la Compañía de Jesús en México, la villa de Pozos, recibió sus primeros grandes edificios. En la fotografía vemos las ruinas de la iglesia de la Compañía, construcción de gran importancia y obra maestra del arte barroco colonial. Lamentablemente su torre trabada con madera, se desplomo silenciando para siempre una campana que durante siglos llenó el risco de vida y disciplina.
Hoy apenas queda la cúpula del crucero, construcción de fase octaédrica, trabajada en piedra de sillería y magistralmente calculada y elaborada por la eterna conjunción del arte colonial —la combinación fraile— indio que tanta gloria ha brindado a nuestra arquitectura.

LAS ARTESANIAS
DE MICHOACAN

Basándose en Morelia, el viajero
codicioso de recuerdos valiosos
y originales encuentra una gama infinita
de artesanías populares.
Muchas de ellas constituyen la única
actividad de toda una población,
el medio para su sustento y un motivo
de orgullo por su propia expresión
artística

En el libro "Las artes populares de
México" el extraordinario pintor
Gerardo Murillo —apasionado
cultivador de las artesanías nacionales, que
hiciera popular su pseudónimo de "Dr.
Atl''— asentó hace cincuenta años, que
nuestro país ocupaba, por entonces, el tercer lugar, después de Japón y China, entre
aquellas naciones en las cuales existía un
franco deseo por estimular y fomentar esta
encomiable forma de creatividad plástica.
A paso de los años, dicha clasificación ha
experimentado un indudable cambio, pues
en Japón, debido al desmedido incremen-
to que ha tenido la tecnología y la colosal
producción en serie de su pujante industria,
se ha perdido mucho de la pureza y la
autenticidad que caracterizaba, antaño, a
las artesanías de tan exótica belleza de
aquella nación oriental, que por muchísimos
años fue creadora de refinadas muestras
dentro de las artes populares.

Los puntos más famosos de la producción ceramista de Michoacán son:
Capula, Huansito, Santa Fe de la Laguna, Patamban, Zinapécuaro, San José de Gracia y Tzintutzan, en donde el arte tradicional se fue enriqueciendo con los siglos y las aportaciones y mestizajes culturales hasta llegar al arte refinado y los niveles de gran calidad de hoy.

De manera que hoy en día, China y México disputan el primer lugar de esta exquisita forma de arte que algunos se niegan —y creemos que no están del todo equivocados en su juicio— a calificar como "arte menor", ya que sus diferentes y magníficas expresiones han alcanzado una notable calidad y sorprendente creatividad artística.

En algún otro comentario acerca de las artesanías nacionales señalamos las siguientes frases, cuya transcripción juzgamos ahora oportuna: "Las artes populares reflejan de una manera cabal la entraña viva de

El mercado es el punto culminante de
toda visita turística que se
precie de completa, la búsqueda del
recuerdo plasmado en un objeto asegura
el poder revivir mil veces los
agradables momentos de las vacaciones.

un pueblo, ya que mantienen inmutable el sentir espiritual y presevan la tradición plástica de anónimos artistas, surgidos de la recia e inagotable veta popular. Con base a este juicio no es aventurado afirmar que México es un país donde las artes populares (es conveniente enfatizar que, si bien arte popular y artesanía, son términos que se emplean indistintamente para designar la misma expresión artística, no consideramos a las segundas como una forma inferior de arte, manifestación creativa por excelencia) han alcanzado un rango de primerísima categoría, ya que tanto por su infinita variedad como por la suntuosidad y calidad de sus medios de realización, han recibido total reconocimiento de parte de propios y extraños.

Una iniciativa interesante y aleccionadora de las autoridades del Estado de Michoacan fue reunir en el ex-convento de San Francisco de la ciudad de Morelia y bajo el auspicioso nombre de la "Casa de las Artesanías" la más completa colección de artesanías de esta basta región de respetados artistas, llegando a constituir un centro de exposiciones importantísimo en el esfuerzo por conservar el arraigo y el aprecio por las artes populares.
Aquí vemos reunidos los célebres diablos y figuras fantásticas de Ocumicho.
Los magníficos muebles de madera tallada de Tzirimu, la impresionante joyería de Pazcuaro y Huetano. Las delicadas lacas de Uruapan, las bateas de Quiroga, las blusas bordadas de Pichataro y los pueblos serranos y un enorme etcétera, inagotable colorido, original y siempre auténticamente mexicano.

En México, resultado lógico del maridaje de dos razas (a más de las influencias asiáticas llegadas a nuestro país por medio del "Galeón de Manila", que por más de doscientos años mantuvo una importante vía marítima entre Filipinas y Acapulco, trayendo a la opulenta colonia de la Nueva España mercaderías del Oriente; sin olvidarnos, claro está, de las notorias influencias africanas, que los esclavos negros trajeron consigo al suelo novohispano), el fruto es la plural complejidad de esta atrayente forma plástica, que encuentra en materiales tan disímbolos como la madera, el barro, el vidrio, el cuero, la palma, los metales, la pluma, etc., el maleable elemento con que ignorados artistas crean manufacturas de una desbordante fantasía y una alucinante hermosura.
Conviene tener presente que como ha sido ya referido por los especialistas en estas

cuestiones, tan ligadas a la entraña viva de México, el arte popular está presente, de una manera precisa y acentuada, en todas las manifestaciones de la vida del mexicano. La indeleble sensibilidad y el acendrado talento artístico de quienes saben hacer tan notables creaciones y manufacturas salta a la vista con todos los motivos: el nacer, el morir, las festividades populares, las vestimentas, el culto a sus deidades tutelares —lo mismo las ancestrales que aquellas traídas por los primeros misioneros españoles—, sus danzas preñadas de ostensible simbolismo, su alimentación, todo sirve como un medio para arrancar a los humildes materiales, que les brindan la oportunidad de hacer tan bellas creaciones artesanales, su melodioso canto, que es una cabal conjunción de vivencias y realidades, conjugados atinadamente en una refinada sensibilidad artística.

El fenómeno del nacimiento de la artesanía se origina en los objetos populares que tienen dos fundamentos claros:
Primero, el uso como objeto culinario, vestido, adorno o cabalístico.
Este primer origen reune ciertos aspectos curiosos. La vajilla tradicional, constituída en períodos precolombinos por tecomates, ollas y cacharros de diverso porte pasa rápidamente a mestizarse con el aporte del hábito europeo de usar vajilla diaria y suntuaria.
El español, hábil y astuto observador descubrió precozmente el talento de estos pueblos para el tratamiento de los barros y su extraña habilidad para confeccionar esmaltes de gran durabilidad y magnífico colorido. Si tenemos en cuenta que México durante el período colonial fue punto de paso para el comercio con otros territorios bajo la corona castellana, comprenderemos que la artesanía cerámica actual tenga en muchos aspectos curiosas reminiscencias orientales. De hecho durante el bloqueo inglés de las rutas del cabo de Buena Esperanza, la ruta de Manila atravesó todo México desde Veracruz a Acapulco en donde se enlazaba con el célebre Galeón de Manila, con lo que se cerraba la ruta.
Gracias a este tráfico, lento y a veces penoso debido a la geografía del territorio, muchos objetos del arte oriental quedaron en México para ejemplo del artesano local.
Los jesuitas, enseñoreados en las colonias sirvieron de nexo para esta múltiple transculturación como es el caso del arte del lacado que es hoy tan propio de México como del mismo Oriente.
El segundo aspecto del fenómeno artesanal está en la tradición religiosa.
Es bien sabido que el panteón de los pueblos de la Nueva Hispania, era riquísimo. Aparte de las grandes deidades Tlaloc y Quetzalcoatl existían decenas de dioses secundarios y un número casi infinito de representaciones rituales de demonios.
En muchos casos estos ídolos originalmente emplazados en las plataformas de las pirámides y templos y que fueron removidos por los guerreros castellanos y substituidos por el emplazamiento de una Iglesia han aparecido dentro de las estatuas de los santos cristianos o escondidos entre las piedras del altar mayor revelando el extraordinario apego popular por sus viejas tradiciones en detrimento de lo que pareció una fácil y bien acogida cristianización.
Pasados los siglos muchos de estos objetos pasaron a ser parte importante de la superstición diaria, de las fiestas y de los adornos y bordados del vestuario, incorporándose a la artesanía en la que siguen disfrutando de magnífica salud.

Primeros bordados, delicadas tallas en madera, taraceados en metal y maderas finas, cerámicas de todo tipo, austeras y riquísimas policromías sobre terracota. Tejidos en delicado algodón, arte plumífero tradicional pintura ingénua y miles de trabajos originales de gran calidad e indiscutible originalidad ofrece Michoacan y sus pueblitos al viajero curioso e inteligente que espera perpetuar las maravillosas vivencias de la visita a esta bella tierra en donde nacieron nuestros héroes y floreció la libertad.

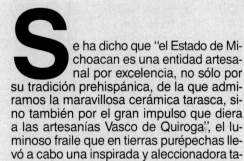

Se ha dicho que "el Estado de Michoacan es una entidad artesanal por excelencia, no sólo por su tradición prehispánica, de la que admiramos la maravillosa cerámica tarasca, sino también por el gran impulso que diera a las artesanías Vasco de Quiroga", el luminoso fraile que en tierras purépechas llevó a cabo una inspirada y aleccionadora tarea en pro de los naturales del país, a quienes inculcó sus sabias enseñanzas y fomentó las diversas manifestaciones artesanales de acuerdo a la naturaleza y costumbre de los habitantes de los pueblos michoacanos, a la sazón sojuzgados por los primeros encomendadores. Así surgieron por doquier infinidad de asentamientos, en los cuales sus habitantes se dedicaron a realizar trabajos en cerámica, como Tzintuntzan, Capula, Huansito, Santa Fe de la Laguna, Patamban, Zinapécuaro y San José de Gracia, cuyas producciones artesanales motivan hoy en día, admiración por su perfección plástica. O pueblos en donde desde hace mucho tiempo se trabajan con rara perfección los textiles: lo mismo manteles que rebozos, deshilados que camisas. Sin olvidarnos de muchos otros poblados que han adquirido bien ganada fama por sus artesanías en tule y paja, cuero, madera y metales, en los cuales hoy en

día los visitantes contemplan asombrados la feliz conjunción de los materiales más comunes con la desbordada fantasía y fascinante creatividad que tienen los artesanos michoacanos, de cuyas recias manos surge un impetuoso caudal de belleza plástica.

El tejido y el bordado es uno de los medios de vida de numerosos pueblos de la rica geografía etnográfica del estado de Michoacán.

Con el objeto de difundir las excelencias de las artesanías del Estado de Michoacan,,así como su venta en forma más amplia, se instaló en un ex convento, el de San Francisco, en la ciudad de Morelia, la "Casa de las Artesanías", que hoy en día, funcionando en forma acertada y teniendo como meta la divulgación —con fines de proteger al artesano, fomentando en él un apego a su creatividad artística— de la amplia gama de las artes populares de la entidad, ha logrado convertirse en un verdadero centro de exposiciones de las atractivas artesanías que en la ancha faz de Michoacán se producen. Aquí es posible contemplar las múltiples creaciones de los centros alfareros, en donde la cerámica ha alcanzado notable calidad, desde las vajillas de barro vidriado de Capula y Patamban, hasta los diablos y demás figuras fantásticas de Ocumicho. Los muebles de made-

ra tallada de Tzirimu (ocote rojo), hechos en Cuanajo. La joyería de Patzcuaro y de Huetano. Las primososas bateas y lacas de Uruapan, Quiroga y Patzcuaro. Los grabados de Nahuatzen y de Charapan. Las clásicas blusas bordadas, llamadas huanengos en la lengua purepecha, de varios pueblos serranos, como Ahuiran y Pichataro. La apreciada artesanía en cobre, de Santa Clara, antaño Villa Escalante. Los deshilados de Aranza. Los equipales de Apatzingann y los haraches de Sahuayo. Y en esta forma cada rincón del Estado de Michoacán ha logrado destacar con una artesanía típica en particular, que en este museo vivo, la "Casa de las Artesanías" de Morelia, pueden apreciar cabalmente los visitantes, que día a día aumentan en número, pues por su instalación museográfica —atinadamente presentada en lo que antaño fuera el referido recinto comarcal— mueve al grato placer de recorrerlo, para de esta manera adentrarse en las artes populares de Michoacán, que el gobierno de la entidad viene impulsando y favoreciendo de manera tan plausible.

El talento indígena y el prodigio del mestizaje con lejanas culturas de Europa y Oriente ha dado origen a una artesanía maravillosa.

TUPATARO:
PRODIGIO PICTORICO
DE MICHOACAN

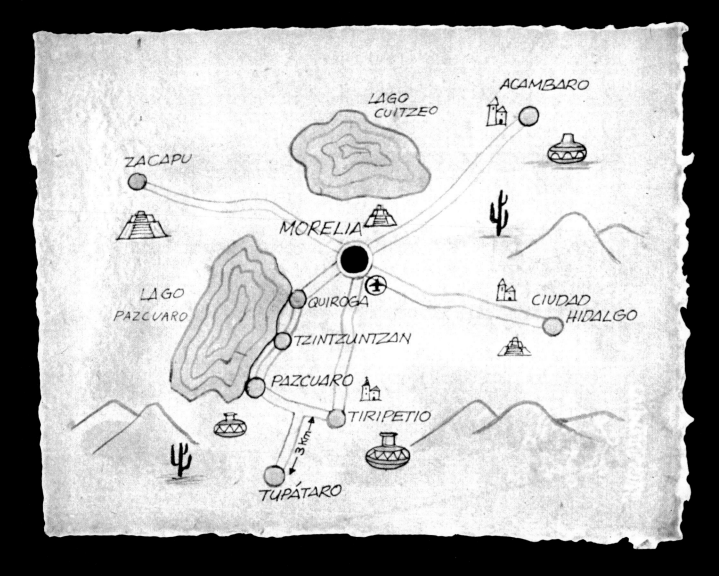

Tupátaro es una joya esquiva, no basta
con proponerse llegar al pequeño
suburbio de Pazcuaro, hay que preguntar
mucho, insistir varias veces,
equivocar el camino otras tantas,
pero vale la pena, no existe en toda
latinoamerica nada igual y es
importante que sea conocido para que la
mano filantrópica ayude a conservarla.

Es casi seguro que el nombre de Tupátaro no diga nada a muchos de nuestros lectores. En efecto, existe un gran desconocimiento respecto a este minúsculo villorrio, perteneciente al municipio de Huiramba, sito al oriente de la ciudad de Pátzcuaro, en donde existe una pequeña iglesia que es toda una obra de arte. En este templo hay unos artesonados, decorados por excelente y anónimo pintor, que "bien pudieran ser una de las creaciones más magníficas del período colonial de toda la América Latina, tan importante en su género como los murales mayas de Bonampak".

El acertado juicio anterior fue vertido por Judith Hancock de Sandoval, experta en arte colonial latinoamericano, quien entre 1967 y 1969 disfrutó de una beca que le otorgó la Organización de Estados Americanos, para realizar estudios de la arquitectura colonial mexicana. En esos años visitó, entre

infinidad de lugares, muchos de ellos escasamente conocidos inclusive para nosotros mismos, el pueblo de Tupátaro, cuya
iglesia le produjo intensa emoción, por
constituir un verdadero prodigio pictórico, ya
que su ornamentación, a base de tableros
polícromos no tienen muchas semejanzas

Deseosos de conocer lo que la mencionada autora considera una maravilla del arte
colonial en México fuimos a Tupátaro. No
fue fácil localizar este pueblecillo, ya que los
propios datos que encontramos en una re-
vista publicada en los Estados Unidos, hace unos doce años, no eran abundantes ni

Tupátaro se ubica a 17 kilómetros de Pátzcuaro, rumbo a Tiripetío. (Es decir, si usted viaja desde Morelia siga la carretera que no pasa por Quiroga, y 17 kilómetros antes de llegar a la ciudad lacustre de Pátzcuaro hay una desviación a la izquierda, que conduce al villorrio en cuestión). Aquí hay una brecha de unos tres kilómetros que adentrándose a las co-

Su estado de conservación, aunque sin ser el ideal y estar ya mereciendo una restauración, es aceptable sobre todo en lo que concierne al colorido de sus pinturas.
Sería interesante que se haga lo antes posible una minuciosa restauración ya que el estado actual permite un trabajo accesible y no esperar a que el tiempo complete su acción destructiva para lamentar la pérdida de la joya del arte colonial.

Consagrada a Santiago Apóstol, la pequeña iglesita de Tupátaro tiene en su impresionante artesonado una maravillosa labor en la que se combina el arte miniaturista y el de los inspirados artesoneros.

linas serranas llega a Tupátaro. Antes de continuar adelante debemos señalar que las personas que gusten admirar esta incomparable decoración religiosa vayan un día domingo, que es cuando está abierta al culto la iglesia; de ir en otros días pueden preguntar por la persona que tiene a su cuidado el aseo sabatino del templo.

La iglesia de Santiago Apóstol de Tupátaro es, en su exterior, de líneas en extremo sobrias. Edificada en adobe, su arquitectura es muy diferente de otros recintos religiosos de la entidad. De la decoración del interior apunta nuestra cicerone: "¡Qué artesonado el de la bóveda! Es único y maravilloso. Está hecho de pares o maderos angostos, según el estilo mudéjar, con una sección central plana a todo lo largo y cortados en declive, los tirantes amarran la techumbre al nivel de la parte superior de las paredes de la nave. Uno de estos tirantes lleva una fecha que parece ser 1772". De cuando Judith Hancock de Sandoval conoció Tupátaro a esta fecha ya se han registrado grandes cambios, verdaderos progresos, en la restauración de este templo.

en esta pequeña iglesia una abigarrada decoración, única en su tipo en México hasta donde nos sea posible aseverarlo, para cuya descripción resulta muy conveniente recurrir a la autora que hemos mencionado, por el detallado y preciso relato que hace del artesonado de la nave.
La bóveda tiene 47 recuadros. A los costados hay arcángeles con altos penachos, parados sobre pequeñas nubes en espiral. Llevan consigo los emblemas de la pasión y crucifixión de Cristo. Un ángel lleva un farol. Otro la cruz. Un tercero el cáliz. Un cuarto el flagelo. Otro el martillo. Uno más los

Por fuera, modesta y sencilla, la Iglesia de Santiago Apóstol de Tupátaro no hace superar la maravilla decorativa plasmada en sus viejas maderas por un anónimo artista en 1.722. (según se lee en una de las tablas del artesonado).

Ella mencionó en su estudio que faltaban algunos paneles, y que en todas partes eran visibles los destructores efectos de la humedad pluvial. Nosotros advertimos que se están reparando esos daños, con el objeto, así lo esperamos, de que en fecha próxima vuelva a lucir como en su momento de apogeo.
A semejanza del "Maestro de Bonampak", el ignorado artista que plasmó un formidable universo de boato y esplendor en la selva maya, así el "Maestro de Tupátaro" creó

clavos. La historia completa está narrada mediante este despliegue de los instrumentos de la Pasión, costumbre muy en boga para catequizar a los indios en el siglo XVI, cuando los frailes se ubicaban en los atrios, señalando a los cuadros.
Los recuadros de la sección central muestran escenas de la vida de Jesús y de su madre: la Anunciación, la Asunción, la Sagrada Familia. Hacia el altar las escenas de Jesucristo representan la Navidad, la Adoración de los Reyes Magos, la Ultima Cena, la Resurrección y la Ascensión.
Es interesante agregar que Judith Hancock dice que en la región adina del Perú, no lejos de Cuzco, hay una iglesia parroquial semejante a la de Santiago Apóstol de Tupátaro. Es la de Andahuaylillas, cuya deco-

En un conjunto de 47 recuadros aparecen portados por ángles sobre nubes todos los símbolos que la fe cristiana identifica con la Pasión. Sin duda para servir a los frailes del siglo XVI como libro de estampas para catequizar a los indígenas, sistema en boga por esos tiempos.

ración recuerda a la que estamos descri-
biendo. Nosotros visitamos en la aldea de
Chinchero, en las cercanías de Cuzco —la
capital del mundo quechua—, otra iglesia
que también guarda estrecha similitud, por
su polícromo artesonado, con la de Tupátaro, en el Estado de Michoacán.

El altar mayor de este templo dedicado al apóstol Santiago es muy bello.
Ricamente adornado, en él hay seis cuadros: en la parte superior aparece Santiago. En la hilera intermedia hay tres cuadros,

cuyos temas son: Cristo coronado de espinas, la Adoración de los Reyes y Cristo con
la cruz a cuestas rumbo al Calvario. En la
fila inferior las pinturas están a los lados, y
muestran la flagelación de Cristo y otra
cuando oraba en el huerto de Getsemaní.
Al centro aparece una estatua que representa un crucifijo.
Estamos firmemente convencidos que en
México hay muy pocos lugares como la iglesia de Tupátaro, cuyo asombroso artesonado, que se piensa data de unos 200 años,
es motivo de admiración, por la insólita ra-
reza de su concepción artística, lo que lo
hace una joya del arte religioso del México
colonial.

El Altar Mayor es grandioso, de gran
calidad en su talla, policromado
y en buen estado de conservación.
Está compuesto por seis recuadros. En la
parte superior está situada una
bella pintura de Santiago Apóstol.
En la fila intermedia hay tres recuadros,
que reproducen las escenas de:
Cristo coronado de espinas, a la
izquierda.
Cristo con la cruz a cuestas camino
del calvario, a la derecha.
Y en el centro un magnífico retablo con
la Adoración de los Magos.
En la parte inferior las pinturas están
situadas a los lados de un
gran crucifijo.
A la derecha, la flagelación de Cristo.
A la izquierda, Cristo orando en el
huerto de Getsemaní.
Todas pinturas de gran calidad que
forman un conjunto de gran
armonía y riqueza.
Esta pequeña Iglesia, decorada como el
más primoroso sagrario, es una de
esas maravillas que necesariamente hay
que conocer y admirar.

PALENQUE

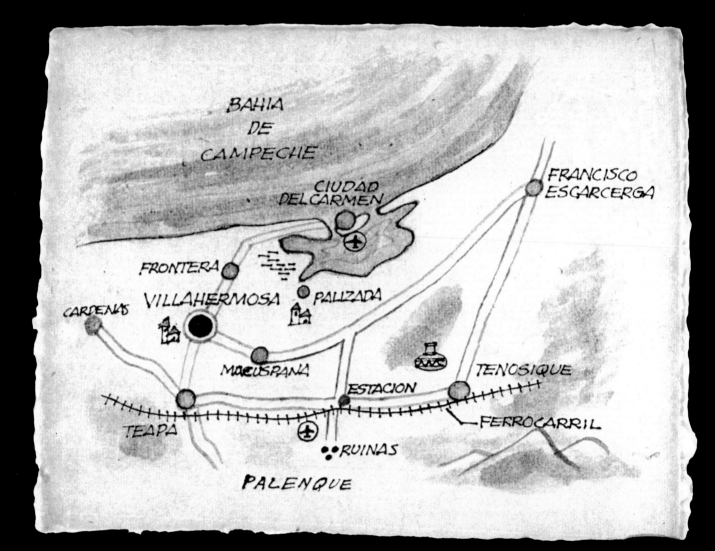

A escasos kilómetros del poblado de Santo Domingo de Palenque de la carretera de Tuxla Gutierrez y con estación propia de ferrocarril y pista de aterrizaje para avionetas se levanta el centro ceremonial más notable de la cultura maya.

Hace casi doscientos años que los primeros visitantes de Palenque dejaron testimonio de su actuación al contemplar las espléndidas edificaciones de este centro ceremonial maya que floreciera entre los siglos séptimo y décimo de nuestra era, si bien se tiene conocimiento que fue habitado durante la época preclásica, varios siglos antes de Jesucristo. En el año 1784 José Antonio Calderón escribió "este pueblo tiene por nombre Palenque, que quiere decir lugar de guerra, campo de batalla o tierra de lucha", pero el caso es que si bien la palabra palenque significa valla o estacada de madera y, también, sitio cercado donde se celebra una

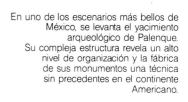

En uno de los escenarios más bellos de
México, se levanta el yacimiento
arqueológico de Palenque.
Su compleja estructura revela un alto
nivel de organización y la fábrica
de sus monumentos una técnica
sin precedentes en el continente
Americano.

Plano del Centro Ceremonial de Palenque

El Palacio
1 - Gran Plaza
2 - Pirámide de las inscripciones
3 - Templo del Sol
4 - Templo de la Cruz
6 - Templo de la cruz foliada
7 - Templo Norte
8 - Acueducto

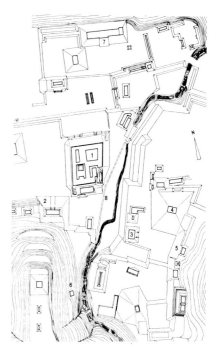

función pública, actualmente los arqueólogos ignoran el nombre que en su momento de máximo esplendor llevara este importantísimo recinto histórico, que junto con Yaxchilán y Piedras Negras constituye el climax del arte escultórico del pueblo maya.

A escasos ocho kilómetros del pueblo, pueblo que incialmente fuera conocido como Santo Domingo de Palenque, se localizan estas ruinas. A ellas se puede llegar por carretera desde Villahermosa o Tuxtla Gutiérrez, al igual que en avioneta en un vuelo que —iniciado en cualquier de estas ciudades— permite apreciar toda la hermosura de las cataratas denominadas de "Agua Azul", a corta distancia de Palenque. Los edificios principales están flanqueados por las últimas estribaciones del sistema orográfico septentrional de Chiapas, en la parte norte de esta entidad casi en los límites con el Estado de Tabasco. Esta es la zona más húmeda de toda la República Mexicana y una de la más elevada precipitación pluvial en el mundo entero.

Aquí, en las márgenes del río Chacamex, tributario del Usumacinta, los mayas edificaron algunas de las construcciones más bellas del viejo imperio, pero no únicamente en cuanto a la grandiosidad de las proporciones de los monumentos sino a la revelante categoría que alcanzó la escultura, de la cual el distinguido mayólogo Sylvanus G. Morley escribiera en su libro "La Civilización Maya..." "la escultura comenzó en Palenque a principios del Período Medio, en el año 642 D.C., debido, entre otras cosas, a que los escultores de ese lugar tuvieron la suerte de encontrar una piedra caliza de grado superior, tan dura y de grano tan fino que casi posee la cantidad de la piedra usada en labores de litografía. Además, el trabajo de estuco de Palenque no tiene rival en ningún otro sitio del territorio maya".

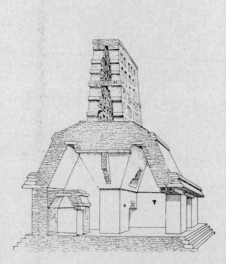

M uchos han sido los exploradores y visitantes que han recorrido, absortos y admirados, las espléndidas ruinas de Palenque. Durante el siglo XIX estuvieron aquí Frederick Waldeck, Désire Charnay, Teobert Maler, Edward Thomson y ya en el primer cuarto de este siglo Eduard Seler, Sylvanus G. Morley y Franz Blom. Es a partir de estos años que el gobierno mexicano empieza a cobrar interés por la zona arqueológica y designa al personal que se habría de encargar de vigilar y realizar investigaciones en lo que una vez, y de ello no hace mucho, estuviera bajo la maleza de esta tupida selva chiapaneca.

En Palenque admiramos, en primer lugar, El Palacio, que es un complejo arquitectónico constituído por varios edificios levantados sobre una terraza artificial que mide cien metros de largo, ochenta de ancho y

Diferentes cortes de recintos en los que se pueden observar los diferentes sistemas con los que los arquitectos de Palenque lograban cerrar las techumbres de sus templos todos basados en el principio de la descomposición del peso por vía del paralelogramo.

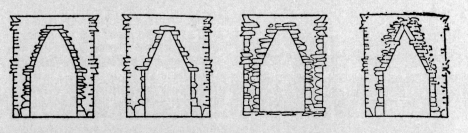

Fachada principal en el palacio de las inscripciones en donde se descubrió recientemente la tumba del Rey Pacal. Esta tumba dió origen a increíbles leyendas como la publicada por el escritor von Däniken sobre el orígen extraterrestre del monarca.

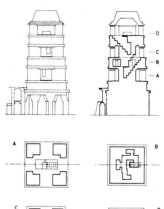

Corte de la torre del palacio, en la que se pueden ver en detalles las peculiaridades de la escalera.

Vista lateral del palacio, una de las construcciones más bellas de las culturas precolombinas de México.

unos diez de alto. En torno a los patios interiores se ubican los edificios, y ahí vemos, en el patio suroeste un baño de vapor y tres letrinas, al igual que una torre de cuatro pisos, que tiene como detalle característico que los escalones no comienzan al nivel del suelo sino en el primer piso. El Palacio se halla muy decorado, con multitud de figuras jeroglíficas y los pilares están recubiertos de relieves de estuco que nos hablan de numerales cronológicas o bien de escenas preñadas de intensa religiosidad.

Cruzando el arroyo de Otulum (que según Marcos Becerra significa "Casas Fortificadas" y designa a lo que el historiador Ramón Ordoñez y Aguiar denominada Na-Chan, o sea "ciudad de culebras") llegamos a una zona en extremo interesante: aquella sobre una terraza artificial que, al pie mismo del cerro, se levanta a mayor altura que El Palacio. Aquí hay varias construcciones, pero las tres principales son El Templo del Sol, El Templo de la Cruz y El Templo de la Cruz Foliada. Al oeste se halla El Templo del Sol.

Su basamento lo constituye una pirámide de cuatro cuerpos. Se trata de un recinto con el trazo característico de esta área: "una doble cripta dividida en pórtico de tres entradas con pilares, un cuarto central que contiene el santuario y las celdas laterales". Lo más sobresaliente de este edificio es el tablero principal, del que anota el erudito Alberto Ruz lo siguiente: "representa una escena de adoración en la que la figura central, es el dios solar, simbolizado por un escudo redondo y dos lanzas cruzadas descansando sobre un altar o trono sostenido por dos esclavos". El Templo de la Cruz se encuentra al norte, también sobre una pirámide. El tablero que le dió nombre es una cruz flanqueada por dos personajes, ricamente adornados. El Templo de la Cruz Foliada, frente al Templo del Sol, lleva la misma distribución que los anteriores. Su bellísimo tablero de estuco es parecido al del Templo de la Cruz, pero de los brazos de la cruz salen hojas de maíz y cabezas humanas, que simbolizan la madre tierra y la vegetación. El dios solar remata la cruz y sobre ella un quetzal luce la máscara del dios Chac, el numen de la lluvia.

El Templo de las Inscripciones es otro de los soberbios edificios de Palenque. Una estructura de veinte metros de altura le confiere una perspectiva realmente única. En lo alto, en el piso del templo, el arqueólogo

Dibujo que muestra los detalles de la lápida funeraria del Rey Pacal en Palenque.

Alberto Ruz observó que una de las losas tenía una doble fila de agujeros provistos de tapones de piedra que eran removibles. Ese descubrimiento realizado en 1949 le permitió descubrir una escalinata que descendía y, finalmente, hasta llevarlo —el 15 de junio de 1952— al hallazgo más sorprendente: una cámara funeraria ricamente adornada y que contenía un sarcófago monolítico, en cuyo interior se encontró el esqueleto de un hombre de cuarenta o cincuenta años. La cabeza estaba cubierta por una máscara de mosaicos de jade y por ojos llevaba conchas y en el iris obsidiana. Esta es una verdadera pirámide-tumba, como las de Egipto, para ocultar en las entrañas del monumento el entierro de un alto personaje, cuya identidad es el más fascinante de los misterios.

Para terminar con esta nota qué mejor que transcribir un párrafo debido a la pluma del descubridor de tan extraordinaria cripta funeraria: "Por el estilo de sus construcciones, de sus inscripciones jeroglíficas, de sus esculturas, estucos modelados y de su cerámica, Palenque puede considerarse como el sitio más refinado de la América precolombina".

Detalle de la situación de la cripta de Palenque, uno de los mayores hallazgos arqueológicos de los últimos tiempos.

LOS MURALES
DE BONAMPAK

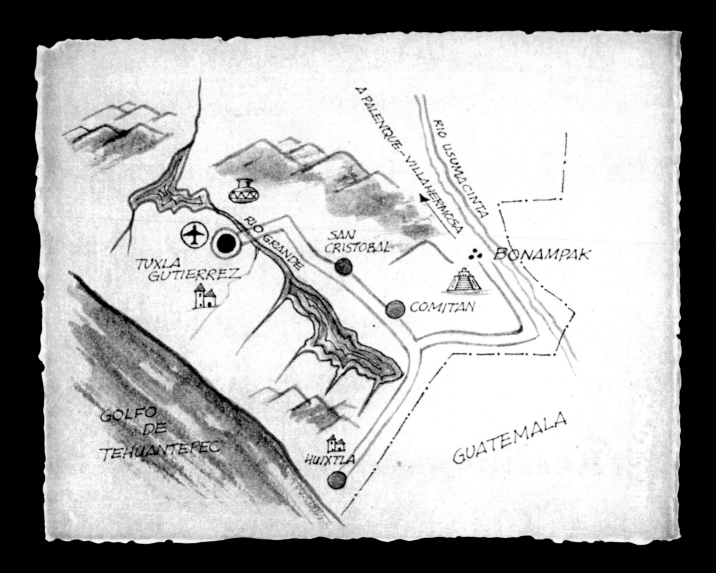

A noventa kilómetros de Palenque, rodeado por la intrincada vegetación que caracteriza el selvático estado de Chiapas se encuentra Bonampak, hoy tan mal comunicado como lo ha estado siempre y con un clima caliente y lluvioso que no estimula en absoluto la visita del gran turismo. No obstante el atractivo de sus murales, la magestuosidad de sus templos y su ambiente lo hacen el punto predilecto del viajero que busca lo auténtico.

En uno de los puntos más intrincados de la lujuriosa vegetación que caracteriza la selva tropical del Estado de Chiapas se encuentran las ruinas mayas de Bonampak, a unos 90 kilómetros de Palenque, un centro arqueológico éste de primer orden, en el cual los mayas alcanzaron los momentos más esplén-

didos de la arquitectura prehispánica en América.

El Templo de los Murales de Bonampak fue descubierta por el fotógrafo Giles G. Healey en el año 1946, en las márgenes del río Usumacinta, cerca de su afluente el río Lacanjá. Ello tuvo lugar meses después que John G. Bourne y Carl Frey fueron llevados al histórico lugar por el chiclero Acasio Chan.

Bonampak es un centro ceremonial levantado sobre una colina natural en donde los mayas del período medio del Viejo Imperio fueron construyendo una serie de plataformas escalonadas en las que se apoyan los

Tuxlaqutierrez-Villahermosa y el mismo Palenque, son los puntos de partida escogidos por los especializados turistas que desean visitar este magnífico centro ceremonial, hace relativamente pocos años escondido en la espesura de la selva ya que fue descubierto recién en 1946, por el fotógrafo Giles G. Healey, gracias a que el chileno Acasio Chan,conocedor de la zona del río Usmacinta,le sirvió de guía revelándose el secreto de la ciudad perdida.
Los arqueólogos han determinado con precisión que se trata de un centro ceremonial levantado sobre una colonia natural, construcción y estilo característico del período medio del viejo Imperio.
Está formado por una serie de terrazas escalonadas en las que se levantan los templos y construcciones civiles.

El descubrimiento de Bonampak constituye una de las aventuras más notables de la moderna arqueología. Uno de los descubridores, Carlos Frey, habitó con los lacandones, llegando a tener hasta una mujer de esa tribu, últimos descendientes de los viejos moradores de la zona, ganó la confianza del cacique, obteniendo así la información precisa de la ciudad perdida.

templos y monumentos, edificados en diferentes niveles.

Fue el distinguido mayólogo Sylvanus G. Morley quien bautizó este importante centro con la palabra maya Bonampak, que significó "muros pintados". En su libro "La Civilización Maya", verdadera fuente de información sobre todo lo concerniente a ese grandioso pueblo, que brillara cual ningún otro en el horizonte mesoamericano, afirma que los murales de Bonampak datan del año 790.

La arquitectura de Bonampak guarda notable semejanza con aquella de Yaxchilán, asiento maya de gran importancia a unos 30 kilómetros de allí. Dice Raúl Anguiano, famoso pintor mexicano, en su libro sobre la Expedición a Bonampak: "Como en todas las grandes culturas del antiguo México, en Bonampak se llegó a una perfecta armonía entre la arquitectura, la pintura y la escultura. Y si es necesario recalcar la importancia de la pintura en este caso, creo que los relieves de las estelas y los dinteles, así como la composición arquitectónica pueden considerarse entre las más bellas obras de arte maya".

Uno de los descubridores de Bonampak, Carlos Frey, vivió algún tiempo entre los lacandones, últimos descendientes de los mayas. Frey se casó con una mujer lacandona, quien le dio un hijo. Haciendo vida común con ese pueblo, ahora en vías de extinción, habitó un caribal —una choza— y tuvo conocimiento por boca del cacique, de la ubicación exacta de esas ruinas. A su regreso a la capital mexicana informó al Instituto Nacional de Antropología e Historia, organismo gubernamental, de este hallazgo, y cuando ese Instituto organizó, en abril de 1949, una expedición que habría de recoger la más amplia documentación de Bonampak, Frey volvió a la selva lacandona para encontrar la muerte al ser volcada su frágil canoa por las impetuosas aguas del río Lacanjá.

La altura total de este imponente centro ceremonial es de 46 metros, y frente a la colina natural se abre una gran plaza rectangular, en cuyo centro se levanta una preciosa estela. Ahí vemos representado a un alto personaje tallado en bajo relieve. Sobre la primera plataforma se encuentra el Templo de las Pinturas, compuesto por tres recintos decorados en su totalidad con pinturas al fresco en su totalidad, y cuyos dinteles están hechos en piedra delicadamente tallada.

El machete es el compañero inseparable del arqueólogo que se aventure por las selvas de Chiapas, buscando ese tesoro indescriptible que constituye una ciudad del viejo Imperio Maya.

Las pinturas de Bonampak, permitieron a los estudiosos conocer más profundamente aspectos desconocidos del pueblo maya, la estructura de sus ciudades, sus ceremonias y su escala social.

No existe en México ningún otro lugar en donde la pintura mural prehispánica se proyecte a tan sorprendentes niveles. Ni en los muros de Teotihuacán, Monte Alban o Chichén Itzá asistimos a tan alto grado de perfección, como ocurre en el caso de Bonampak. Aquí admiramos el genio del maestro llamado "maestro de Bonampak" quien, seis siglos antes que Giotto pintara sus maravillosos murales, creó una soberbia obra pictórica que sólo encuentra parangón con el arte persa, japonés o pompyano. Como escribe también Anguiano, "las pinturas mayas de Bonampak no tiene ninguna semejanza con el arte moderno de Miguel Angel, del Tiziano o de Velázquez. Son bidimensionales; tanto el volumen como la perspectiva están sugeridos sabiamente por la línea y el color.

Por su lado, Salvador Toscano, otro renombrado estudioso del arte mesoamericano, también expresó:
"Por sus pinturas murales Bonampak se constituyó al presente en el centro arqueológico de mayor importancia del mundo maya. Ahora bien, si la importancia de estos frescos ha sido excepcional en lo que se refiere a su índole artística: dinámica, composición, dibujo, color y viveza y solución de la escena, también constituye un documento excepcional para reconstruir la historia de los mayas. Allí encontraremos un arte textil y suntuario que sólo parcialmente y sin color conocíamos a través de las estelas o, en dimensiones menores, en la cerámica. Allí encontraremos ceremonias musicales e instrumentos que nos son nuevos. Los frescos son, pues, fuente de enseñanza etnográfica e historia extraordinaria".
Analizando las producciones mejor logradas del arte maya vemos que en la pintura, espléndida manifestación estética, fueron también notables maestros. Lo mismo en los códices (al presente solamente tres se conservan: el Peresiano, el Trocortesiano y el Dresden, pues los demás quedaron destruidos en aquel tristemente célebre auto de fe de los testimonios de esta cultura que en la ciudad de Maní realizó Fray Diego de Landa, movido por el absurdo celo religioso de querer acabar con tanta excelencia de la civilización maya), que en la cerámica policromada del período clásico tardío se revelan como dominadores de un arte que en la época actual nos produce admiración. Pero esa maestría se patentiza claramente en los frescos de Bonampak, que muestran un aspecto muy poco conocido del pueblo maya. Antes de que este Templo de las Pinturas fuera descubierto, se consideraba que los mayas eran más bien pacíficos cultivadores de las artes y las ciencias, pero aquí aparecen como nación guerrera y belicosa. Uno de los frescos más sorprendentes describe una fiera batalla en la

cual los combatientes pelean cuerpo a cuerpo. Y con los millares de puntas de flecha que se han encontrado a todo lo ancho de la zona maya tenemos la prueba más fehaciente del espíritu belicoso de este admirable pueblo americano.
Cuando se inició la exploración sistemática de Bonampak se encontró que las pinturas murales estaban muy destruidas. Además de que el aplanado estaba estropeado, una irregular capa de carbonato de calcio hacía que los dibujos fueran casi invisibles. Algunos técnicos enviados por el gobierno de México desde 1949 limpiaron varios muros, y así se ha podido preservar una gran parte de este fabuloso tesoro pictórico. Dos artistas, uno de México: Agustín Villagra Caletti, y otro de Guatemala: Antonio Tejeda, han realizado, también, estupendas

copias. De ambas, las de Villagra son más notables por el dominio imaginativo del que hizo gala para reconstruir los frescos, en cuanto al diseño y al colorido que se supone tuvieron en el momento en que fueron pintadas, haya ya trece siglos.
Las pinturas de Bonampak cubren una superficie de 144 metros cuadrados en los muros y bóvedas de las tres cámaras del denominado Templo de las Pinturas y arrancan prácticamente desde el piso y se continúan sin interrumpirse en todos los rincones. Aún en la parte exterior advertimos restos del aplanado decorado al fresco. El trazo lineal se hizo mientras la superficie mural todavía estaba húmeda, y según la opinión del pintor Villagra Caletti el "maestro de Bonampak" terminó esta obra en un tiempo no superior a 48 horas.

No hace falta desbordar nuestra imaginación para pensar que este monumento fue como una alucinante visión de polícroma embriaguez, en aquel lejano tiempo cuando los mayas, llamados por muchos "los egipcios del Nuevo Mundo", llegaban al luminoso encumbramiento de su hegemonía histórica.

En los tres recintos hay cien figuras humanas, casi del tamaño natural. Los contornos de personas y objetos están definidos netamente por medio de líneas, y aún cuando no hay matices ni claroscuros sí percibimos la idea perfecta y definida de volúmenes

letes que hacen más rico aún su atavío. A la derecha se ve un esclavo que con manos hábiles le arregla el brazalete, mientras que del otro lado un servidor espera el momento de presentarle a su amo un algodón seguramente embebido en el aromático líquido contenido en la vasija que sostiene con el brazo izquierdo.

Bajo esta escena aparecen los danzantes, ocultas sus caras con más caras de cangrejos, iguanas, aves y cocodrilos. Los acompaña un grupo de músicos; mientras que unos hacen sonar grandes trompetas, cual los heraldos de otros tiempos, otros arrancan a sonajas, tambores y raspaderas monorrítmicos acordes que llenan de sonidos la festividad. La procesión de los personajes principales se completa con un ma-

Perdidos entre la majestuosa selva del estado de Chiapas, los diminutos poblados viven su modesta existencia al margen del glorioso imperio de sus ancestros. El poderío maya cayó y fue olvidado, pero su raza aún subsiste.

nes y de formas. El rango, la condición social de esas figuras se manifiesta por la vestimenta que llevan. Así los señores y sacerdotes van ricamente ataviados, con atuendos de pieles de tigre y grandes penachos. Los guerreros y los músicos llevan faldellines y tocados menos ornamentados, mientras que los prisioneros aparecen desnudos "mostrando la belleza de sus cuerpos oscuros en una genial síntesis monocroma perfilada por la línea sensual de sus siluetas".

En el primer salón se destaca la escena que representa una gran ceremonia. En el trono destaca el *Halach uinic* (rey o sacerdote) y su familia. En el muro próximo, tres personajes principales adornan su cabeza con un hermoso penacho de plumas verdes y luce, además, pectoral, orejeras y braza-

yordomo y "un bastonero", que nos da la idea de ir marcando el ritmo a los músicos.

En el segundo recinto admiramos en tres de los muros la representación de otro acontecimiento, seguramente de carácter histórico: una feroz batalla en medio de la tupida selva. La idea de vegetación la da el telón de fondo de un verde intenso, con algunos toques de color tierra, que simulan la maleza. Si bien en el aposento anterior todas las figuras parecen estáticas, en esta escena de la encarnizada batalla todo es frenético movimiento en los grupos de combatientes que se mezclan con violento y dramático realismo.

Los guerreros fueron pintados por el "maestro de Bonampak" en diversas actitudes, y si bien a primera vista tenemos la impresión de que existe una gran confusión de cuerpos, escudos, trompetas, lanzas y máscaras, lo cierto es que la armoniosa belleza de la composición no se altera en lo más mínimo. Haciendo gala de un franco dominio de la perspectiva el artista dibujó los escudos en diversos ángulos, detalle que confiere más profundidad a la pintura. Tal pa-

mento de hacer entrega a los vencidos al gran señor, al que acompañan dos damas y un personaje gordo semidesnudo. El guerrero que los lleva va cubierto con una piel de leopardo y lleva la cabeza tocada con un adorno de lagarto. Atrás de él un ayudante luce el casco de pájaro fantástico. La figura más ataviada es la del caudillo, lujosamente vestido con chaleco, sandalias y tocado de piel de jaguar, y adornado con pectoral de jade y brazaletes. Se ve que toma con enérgica resolución su lanza, forra-

Estos fantásticos murales hicieron cambiar radicalmente la opinión de pueblo pacífico que se tenía de los mayas, hoy considerados como los más belicosos de la historia precolombina.

rece que en este mural adquieren súbita vida las figuras de las estelas mayas para enfrascarse en brutal combate. Otros de los monumentos culminantes de la pintura de Bonampak está en el mismo salón, enmarcado en la puerta de este recinto: la escena de la entrega de prisioneros. De abajo hacia arriba vemos a los guerreros de la jerarquía inferior que vigilan, con la armas en la mano, a los cautivos sentados en un basamento escalonado. En la parte superior los capitanes victoriosos aparecen en el mo-

da también de piel. A sus pies el jefe de los guerreros derrotados implora clemencia con expresivo gesto de ambas manos. El hecho de aparecer totalmente desnudo hace más ostensible y patética la superioridad del caudillo victorioso. En un escalón inferior, sentados a la manera oriental, dos prisioneros, a los que vigilan dos filas de guardias, tratan de contener la hemorragia de sus heridas. Pero la figura más extraordinaria es la de un moribundo que en actitud de desmayo reclina su cuerpo sobre su hombro izquierdo, casi junto a los pies del jefe vencedor.

Paul Gendrop, autor de un magnífico estudio acerca de los murales prehispánicos, opina del artista creador de tan magistrales frescos: "En trazos de seguridad absoluta supo lograr un encorzo extraordinario, verdadero alarde de técnica pictórica, especialmente en los contornos: nótese la mano derecha que se crispa, el brazo izquierdo que se pende inerte, el rostro que respira con dificultad, en los estertores de la ago-

En el tercer recinto se ve la culminación de la historia: El sacrificio de las víctimas y los magníficos bailes ceremoniales. Los diez bailarines usan largas aletas situadas a la altura de la cintura, semejantes a las aspas de un molino, vestimenta del área maya que aún no se había documentado.

Armas, vestuarios y sobre todo instrumentos musicales, aparecieron de repente como en un mágico libro en donde los viejos moradores de la selva de Chiapas, perpetuaron su cultura para nuestra admiración.

nía; las manos de un compañero de infortunio que se aproximan, compasivas, forman una de las composiciones lineales más acertadas de Bonampak".

Un detalle de honda dramaticidad está dada por la lanza del jefe supremo, que parece estar clavada en un ojo del prisionero recostado. Observando con detenimiento la escena vemos que, si bien no existe la perspectiva, el gran señor está, en razón de los planos embozados, colocado más hacia atrás.

Magistrales artistas, los mayas dominaron la técnica de la perspectiva, logrando con matices de color, cambios de tamaño y textura una sensación de profundidad desconocida en otras culturas.

167

LAS CORRIDAS
DE TOROS
EN YUCATAN

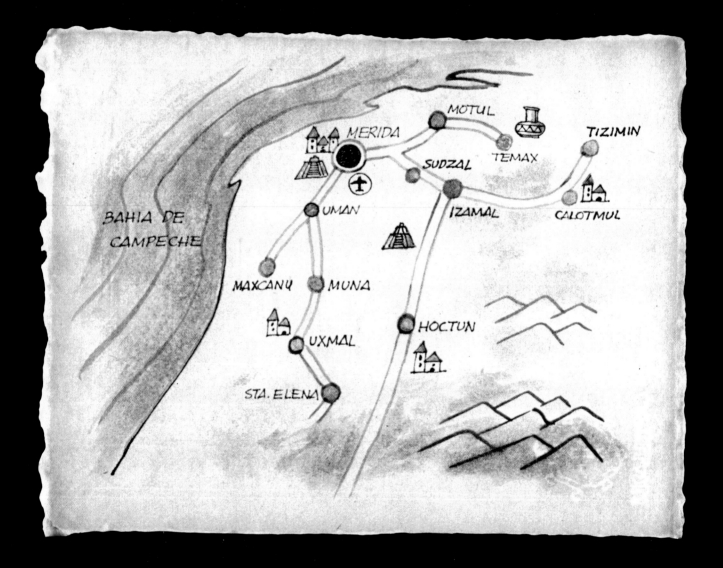

Durante su estancia en Mérida,
de camino o al regreso
de los habituales destinos arqueológicos,
es siempre interesante enterarse
con el conserje del hotel de alguna
corrida de toros, que se celebre en un
pueblo cercano. Constituirá una de
las más notables experiencias y un
derroche de fantasía para su
ansiosa cámara fotográfica.

Las corridas de toros, que en España han tenido tanto auge desde el siglo doce hasta el presente, fueron introducidas en América a raíz de la conquista. Se dice que el año de 1529 marca oficialmente la fecha en que tuvo lugar la primera fiesta brava en México, para celebrar, el día 13 de agosto, el octavo aniversario de la caída de la gran ciudad de Tenochtitlan.

Durante la época virreinal este espectáculo taurino se hizo sumamente popular, y al paso de los años no sólo la ciudad de México era escenario de frecuentes festejos. Otras capitales de provincia, como Aguascalientes, Durango, Veracruz y Guanajuato también contaban con plazas para lidiar toros bravos.

Es muy probable que en Yucatán tuviesen verificativo corridas de toros en el período colonial, bien porque de Cuba hubiese llegado esta influencia, o bien porque desde la capital del virreinato se hubiera impuesto esta moda, que tanto arraigo ha tenido entre los peninsulares.

A fines del año 1841 y principios de 1842 visitó Yucatán John Lloyd Step hens, un renombrado viajero que dejó interesantísima narración de sus observaciones respecto a la vida cotidiana de los habitantes de tan fascinante región de México. Fruto de aquel estupendo recorrido fue el libro

"Incidents of Travel in Yucatán", que ha sido traducido al castellano con el título más abreviado de "Viaje a Yucatán". En esta amena obra, uno de los relatos más hermosos que sobre México haya escrito un extranjero, leemos los comentarios acerca de sus corridas de toros que tan acucioso observador presenciara, y las cuales describió con lujo de detalles.
Salta a la vista, leyendo los capítulos segundo del primer tomo y sexto del segundo tomo, que muy poco han cambiado las corridas de toros en los pueblos de Yucatán en casi un siglo y medio. Las mismas costumbres, idénticas actitudes y similares formas

No del todo muy compuesta, la corrida llega en un camión. Mansos de morada tan triste como su destino los airosos cebús son tajados y atados a unos palos cerca de la entrada de la plaza esperando que la cuadrilla, el público y el carnicero den rienda suelta a sus fantasías.

Uno de los aspectos más interesantes de la corrida lo constituye la misma plaza, notable construcción levantada en pocas horas al más puro estilo "boy scout".

Sin un solo clavo y con palos rústicos, juncos y hojas de palma, los lugareños trazan un teórico redondel de dos pisos, lo cierran y lo adornan para que la corrida salga lo más lucida posible.

Es una fiesta popular de gran arraigo en la península y generalmente forma obligada parte de las celebraciones cívicas y religiosas de la región. Si se analiza desde el punto de vista taurino, se cumplen casi todos los pasos de la corrida clásica. Hay plaza aunque no se compacte el sevillano "alvero". La plaza es redonda aunque muchas veces se adapte a la forzosa geografía de la plaza pública donde se asienta. Hay tendidos, aunque todos protegidos del duro sol del yucatán por una bien tratada enramada que proteje a la parroquia.

También hay toros aunque no sean "Miuras" ni "Victorinos" sino cansinos cebúes de chepa regordeta y fina y bien plantada cornamenta.

Por supuesto que los toreros vestidos de luces, aunque el diseño de sus raídas prendas parezcan más propias de un dibujo de Goya que de una corrida del siglo XX.

La técnica taurina es completa, se pica y se banderillea al toro aunque las reglas y la ortodoxia no son fervorosamente controladas por una sesuda presidencia.

El ritual taurino, tal vez llegado a España con los soldados romanos y trasplantado a Nueva España por los conquistadores se mantiene paso a paso aunque con una personalidad local que lo llena de colorido y le devuelve aquel ancestral aire de lucha clásica que se ha perdido.

de martirizar a los astados (que de ninguna manera puede ser llamada, en estricto apego a la verdad, "corrida de toros" esa sangrienta farsa taurina) viene sucediéndose desde entonces, según nosotros hemos podido constatar en un par de ocasiones en la península yucateca.

Es interesante transcribir algunas frases del libro de Stephens, quien asentó: "La plaza de toros estaba en la de San Cristóbal. El anfiteatro o sitio destinado a los espectadores la ocupaba casi toda: construcción extraña y original, que en su mecanismo podía dejar pasmado a un arquitecto europeo. Era un gigantesco tablado circular capaz de contener a cuatro o cinco mil personas, eregido y asegurado sin emplear un solo clavo, fabricado de madera tosca tal como se extraen de los bosques, atada y sujeta con mimbres. El conjunto formaba una obra de rústico enrejado, admirablemente a propósito para aquel clima caluroso. La techumbre era una enramada de la hoja de la palma americana. Los indios se emplean en construir esta clase de obras, que desbaratan tan pronto como se ha terminado una fiesta, convirtiendo después en leña todos los materiales. Un toro estaba en la plaza, y dos agudos dardos con adornos de papel azul y amarillo pendían de sus costados. Su cuello estaba cubierto de heridas, de donde manaban arroyos de sangre. Los picadores manteníanse lejos con sangrientas lanzas en la mano... formáronse éstos enfrente de la bestia con una bayeta negra y amarilla en la mano izquierda y vibrando la lanza en la otra. El objeto era herirlo entre las astas, en la parte posterior del cuello: dos o tres acertaron en el blanco, y sacaron sus lanzas chorreando sangre".

Hace algunos años contemplamos una de estas "corridas" en el poblado de Santa Elena, sito a corta distancia, hacia el sur, de Uxmal. En la plaza principal se construyó un coso de forma rectangular, que curiosamente tenía un frondoso árbol muy cerca de la parte central. La misma estructura de gruesas ramas y palmas, que dan forma a los dos pisos de estas plazas de toros, es la que vio Stephens hace poco más de ciento cuarenta años. Desde la mañana de ese día, de gran bullicio para el poblado por celebrarse alguna festividad regional, ya están los toros —en realidad añosos cebúes— amarrados a los árboles en un predio contiguo a "la plaza". Al filo de las cuatro da comienzo la función, con los toreros más renombrados de la península, aquellos que por su prestigio como lidiadores, participan en las ferias más concurridas y rumbosas de la entidad. Para describir pormenorizadamente una de estas curiosísimas corridas de toros de la yucateca, vamos a referirnos a la que vimos

Mezcla de rodeo y de lidia hispánica, las corridas de toros en la yucateca son una de las fiestas más típicas de México. En ellas participa todo el pueblo desde el prodigio arquitectónico de "parar" la plaza hasta el momento de saborear en sus condimentados platos las excelencias de la carne de las bestias.

Viejos, jóvenes, mujeres y hasta los flacos perros de estos coloridos pueblos de Yucatán, participan en un festejo, que a veces se realiza sólo una vez al año y que los llena de alegría.
Los niños metidos entre el fino canasto que constituye la arquitectura de la plaza, sueñan con ser héroes de las corridas de los años venideros.

en Sudzal, pequeño poblado ubicado no lejos de Izamal. Con motivo de las fiestas lugareñas tendrían verificativo ese día los dos eventos más característicos de la vida social de la entidad: las "vaquerías", que son unas pintorescas reuniones en las que se bailan las jaranas y demás danzas típicas de Yucatán, y una corrida de toros. Una vez instalado el público en la plaza —que fue levantada en el centro del pueblo en unas cuantas horas— la orquesta toca un paso doble, para anunciar el comienzo de la fiesta taurina. En ese momento un grupo de vaqueros, montados en flacos jamelgos, da la vuelta al ruedo. Atrás vienen los "toreros", ataviados con trajes de luces que dan la impresión de haber sido sacados de algún antiquísimo museo de la torería, de tan viejos que lucen.

(John Lloyd Stephens escribió respecto a este detalle de una de las corridas que presenció: "al ver a los toreros cualquiera habría imaginado que habían ido a ataviarse en el desechado guardaropa de algunos enfermos muertos en un santo hospital").

No hay un programa fijo de celebraciones que incluyan corridas de toros.
No obstante en los alrededores de Mérida son muy frecuentes las fiestas populares que incluyen este tipo de entretenimiento en donde el espectáculo, como es frecuente en los toros, siempre lo da el público.

En el centro del redondel ha sido atado, previamente al desfile que abre la corrida, un toro que no da las menores muestras de bravura. En torno a su cuerpo le han colocado un cincho de cuero, provisto de cohetes, que son prendidos justo en el momento de iniciarse propiamente la corrida. Ello es con el fin de que el estallido de los cohetes y la consiguiente quemadura que le produzcan en el lomo al burel lo exciten y hagan embestir ferozmente a los toreros, en el instante en que lo han liberado de sus ataduras al tronco clavado en el centro de la plaza.

En este momento, los toreros, entusiastas actores de la legua que jubilosos participan en una pintoresca función pueblerina, le dan con el capote unos cuantos trapazos, sin orden ni concierto, para luego ponerle las banderillas. Uno las coloca en la giba, y otro en la parte posterior del pescuezo.

Otro más las pone en uno de los costados. En seguida viene el momento de estoquear al toro. Alguno de los toreros, quizá el más experimentado, toma la muleta y el estoque. Se acerca al astado, le agita el trapo en el hocico simulando hacer una faena taurina, y un momento después le encaja la espada como Dios le da a entender. Para el infeliz toro termina su agonía con el descabello.
El público aplaude regocijado mientras que los toreros cambian entre sí impresiones acerca de las embestidas del manso burel.

Los vaqueros atan una cuerda en torno a sus extremidades traseras y lo arrastran para llevarlo al exterior. Aquí entra en funciones el carnicero del pueblo, quien de inmediato destaza la res para expender la carne entre los animados vecinos.

El espectáculo taurino en sí no tendría el brillo que realmente adquiere si no fuera por la banda.
Este pequeño grupo musical llena de viejos y sentidos pasodobles, el aire, marca los cambios de tercio, colorea la faena de los toreros con un aire nostálgico y matizadamente auténtico y entretiene al público entre toro y toro encendiendo su ánimo.

En este tiempo varios vendedores ambulantes han entrado al ruedo para ofrecer al público refrescos y dulces. La orquesta interpreta otra melodía adecuada al momento, y los vaqueros llegan jalando con sus cuerdas a otro desdichado cebú. Lo atan al palo sito en el centro de la plaza, le colocan el cincho con cohetes, y cuando estos estallan da principio la función con el segundo toro. Pero con éste ya no habrá banderillas ni estocada —tampoco con los restantes de la corrida—, pues nos dijeron que únicamente matan al primer toro pues es-

Los toreros actúan en grupo, en realidad es el toro, desesperado por el dolor de los cohetes que estallan sobre su piel, el que elige al torero buscando el campo, lo que hace de la lidia una serie de carreras y trapeos enloquecidos.

taba destinado a ser destazado por el matarife para poner a la venta su carne.

En esta pintoresca cuanto insólita función taurina participan una veintena de actores, entre jinetes, toreros y vendedores ambulantes, que hacen las delicias de los complacidos espectadores de tan curiosa festividad pueblerina.

En general los toreros son tres o cuatro y constituyen toda la cuadrilla. Ellos se encargan de encender los cohetes, soltar al toro, lidiarlo, banderillearlos como se pueda, pero banderillearlos, y uno de ellos, el más experimentado,toma la espada y se planta frente al toro para terminar sus penas.

175

CHICHEN ITZA

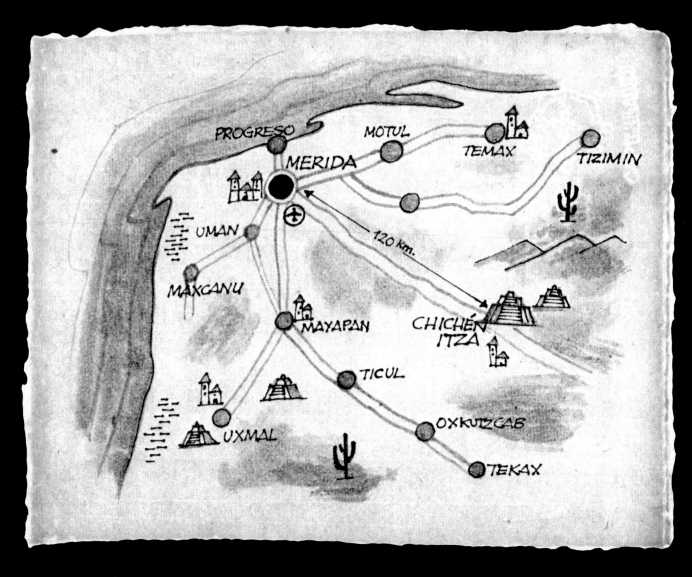

Hoy más cerca que nunca de los centros
turísticos más importantes
gracias a las modernas avionetas que lo
enlazan con Mérida y Cancún y
perfectamente dotadas de infraestructura
hotelera la ciudad maya de
Chichen Itza es el centro arqueológico
más visitado después de Teotihuacan.

A una distancia de ciento veinte kilómetros de la ciudad arqueológica de Chichén Itzá, que junto con Teotihuacan es la zona prehispánica más visitada de México, ya que sus monumentos arquitectónicos figuran entre los más bellos y sorprendentes de la espléndida cultura maya, que en su momento de mayor florecimiento histórico (el período clásico maya, que tuvo una duración de setecientos años, pues se extendió del año 200 al 900 de nuestra era) ocupaba una amplia zona de 325 kilómetros cuadrados, que comprendía lo que hoy en día son los Estados de Tabasco, Campeche, Yucatán, Chiapas y Quintana Roo, así como las vecinas Repúblicas de Guatemala, Belice y Honduras.

Es interesante señalar, por la precisión de sus conceptos, la opinión que Howard La Fay vertiera acerca del pueblo maya, cuyo extraordinario dominio de las artes y de las ciencias los llevara a ocupar un lugar tan preponderante en la historia de Mesoamérica: "Su origen se encuentra en las profundidades del misterio y también en el misterio permanece la caída de su singular y esplendorosa cultura. Los eruditos les han dado ahora el nombre de Mayas, pero entre ellos se conocían por otros nombres, en su mayoría ya perdidos. Durante cerca de quince siglos florecieron entre agrestes e inhospitalarias regiones de Mesoamérica. Entre los años 250 y 900 le dieron forma a una magnífica civilización de suntuosas pirámides y espléndidos palacios. Tal período clásico terminó en un repentino colapso. Las ciudades fueron abandonadas, la población disminuyó drásticamente y la selva cubrió los imponentes monumentos.

Durante la edad Media de Europa, los mayas practicaban una astronomía tan precisa que su antiguo calendario era tan perfecto como el nuestro (aquí cabe que hagamos una corrección, basándonos para ello en el autorizado juicio del renombrado mayólogo Sylvanus G. Morley, quien apunta "Eminentes autoridades en astronomía han declarado que los antiguos mayas poseían un conocimiento más exacto de esta ciencia que los egipcios anteriores al período tolomeido", y agrega "La fórmula de corrección calendárica concebida por los antiguos sacerdotes astrónomos de Copán, en los tiempos remotos de los siglos seis o siete de la era cristiana, era ligeramente más exacta que nuestra propia corrección gregoriana del año bisiesto, que se introdujo hasta cerca de mil años más tarde, en 1582, por el papa Gregorio XIII"); trazaban el curso de los cuerpos celestes y ante el asombro de los fieles, los sacerdotes predecían los eclipses del sol y de la luna. Con sólo un error de catorce segundos por año calculaban el tránsito de Venus, planeta falaz que es estrella de la mañana y del atardecer alternadamente. Los mayas originaron un complicado sistema de escritura y utilizaron el concepto matemático del cero".

Hasta aquí lo asentado por La Fay, y agregamos que Eric S. Thompson, uno de los más distinguidos estudiosos de la cultura maya, anota en uno de sus libros (al referirse a los diversos períodos o épocas de la historia de este asombroso pueblo) que los mayas conocieron cuatro edades: la formativa o preclásica, que bien pudo haber tenido su principio antes del año 1500 antes de Jesucristo y culminar en el año 200 de nuestra era. Luego vino el pe-

ríodo clásico (que Morley denomina "Viejo Imperio"), cuando florecieron los grandes centros ceremoniales, y las artes y las ciencias alcanzaron su máximo esplendor. Se extendió, como ya anotamos, del año 200 al 900 de nuestra era. Finalmente se registran, de acuerdo con el juicio de Eric S. Thompson, dos épocas de nombre muy parecido: post-clásica o mexicana primera "nombrada así por el influjo de los mexicanos en Yucatán y Guatemala (del 950 al 1200 de nuestra era)", y la postclásica o mexicana segunda, que habría de durar hasta que los conquistadores españoles dominaron toda la zona maya. Sylvanus Morley, por su lado, llama "Nuevo Imperio" al período que se extendió entre fines del siglo décimo y mediados del dieciséis, que marca la llamada decadencia de la civilización maya.

El arqueólogo Alberto Ruz, descubridor de la maravillosa tumba encerrada en el Templo de las Inscripciones de Palenque, señala que "según el Chilam Balam, libro sagrado escrito en lengua maya con caracteres latinos después de la conquista. Chichén Itzá fue descubierta en el curso del "katun 6 Ahau", abreviación de una fecha maya que correspondería a los años de 435-455 de nuestra era... (y) fue ocupada aproximadamente por doscientos años y luego abandonada. Después de establecerse durante 260 años (692 a 948 de nuestra era) en Chakanputun, la actual Champotón, los Itzá regresaron a Chichén. Tras un largo período de paz en que los Itzáes mantuvieron unidos por una liga política con los Xiú de Uxmal y los Cocom de Mayapán (987 a 1185) surgieron conflictos en Chichén Itzá debido a la traición de "Hunac Ceel", gobernante de Mayapán y los Itzáes volvieron a abandonar su capital (1204) dispersándose".

Parece ser que la denominación original de lo que nosotros designamos con el nombre de Chichén Itzá fue *Uucyabnal*. Pero ahora se le conoce con el nombre maya que traducido significa "boca del pozo de los Itzáes", ya que según las raíces Chi se traduce por "boca", Chen equivale a "pozo" e Itzá fue la tribu o pueblo que habitara este lugar.

Tenemos conocimiento que un grupo de mexicanos —quizá venidos de la legendaria Tula, la capital del reino Tolteca— hizo su aparición a fines del siglo décimo en el norte de Yucatán. Venían acaudillados por Ce Acatl, también llamado Quetzalcóatl, a quien se dio el nombre maya de Kukulcán, la Serpiente Emplumada, deidad principal de Chichén Itzá e importada del centro de México. Los recién llegados al lugar que había surgido durante el Viejo Imperio Maya introdujeron patrones culturales que les eran propios, y pronto fue notoria la influencia tolteca en la arquitectura maya. A partir del 967-987 dio comienzo lo que en la civilización maya se conoce como el Nuevo Imperio, alcanzando el apogeo y la hegemonía en los siglos once, doce y trece, bajo la férula de los jefes mexicanos. Y entre los

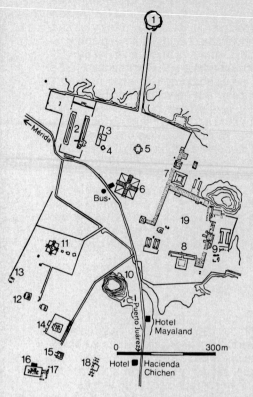

1. Cenote sagrado
2. Juego de pelota
3. Tzompantli
4. Plataforma del tigre y el águila
5. Plataforma de Venus
6. El Castillo (Pirámide de Kukulcan)
7. Templo de los guerreros
8. Plaza del Mercado
9. Baño de vapor
10. Cenote y templo de XTOLC
11. Tumba de los Grandes Sacerdotes
12. La casa colorada
13. La casa del venado
14. Observatorio - El Caracol
15. Templo de los muros decorados
16. El convento y dependencia
17. La Iglesia
18. El Akat
19. Grupo de las mil columnas

y en el cual narra su recorrido por las principales zonas mayas, Chichén Itzá entre otras. Tras las huellas de Stephens vino Desiré Charnay, quien también se sintiera positivamente atraído por la belleza arquitectónica de Chichén Itzá, misma que describiera en un interesante libro.

El Castillo: En su borde occidental al ponerse el sol se dibuja una superficie entre los bajorrelieves y se ilumina una de las cabezas de serpiente de la base. Efecto que parece haber sido especialmente buscado para sus constructores en honor a Cuculcán.
Abajo: Soldado tolteca emergiendo de las fauces de la serpiente sagrada. Detalle de un disco de oro encontrado en el cenote sagrado.

Estos fueron los primeros visitantes y exploradores de Chichén Itzá. Pero también ocupa un lugar muy destacado Edward Herbert Thompson, quien vino a México en 1885 profundamente interesado por la civilización maya, a cuyo estudio habría de dedicar toda su vida. En nuestro libro *Arqueología Subaquática* decimos de Thompson lo siguiente: "Después de recorrer las principales zonas mayas da a conocer sus observaciones de tres años en los "Proceedings of the American Antiquarian Society", de Worcester, Massachusetts, con el título de "Archaelogical Research in Yucatán". A éste siguieron otros dieciséis estudios más, que se refieren a múltiples aspectos de la cultura maya. Después de haber residido doce años en Yucatán, fue nombrado Cónsul General de los Estados Unidos en Yucatán, y en el año 1894 adquirió de los señores Delio Moreno Cantón, Leopoldo Cantón Freixas y Emilio García Fajardo la propiedad de la finca rústica Chichén, ubicada en el pueblo de Pisté, en la cantidad de doscientos pesos. La operación respectiva fue elevada a escritura ante el notario Rodolfo Navarrete. Por supuesto, la finca Chichén comprendía la mayor parte de la zona arqueológica, incluyendo el cenote sagrado, sin duda el objeto principal de sus sueños de exploradores".

cambios surgidos con el arribo de los grupos procedentes del centro de México figura, en el aspecto religioso, el establecimiento de los sacrificios humanos, antaño desconocidos entre los mayas, como muestra de máxima reverencia a los dioses. De este culto nos ocuparemos al hablar de las ceremonias rituales que tuvieron lugar en el cenote sagrado de Chichén Itzá.
Uno de los primeros cronistas del pueblo maya fue el religioso franciscano Diego de Landa, autor de la preciosa *Relación de las Cosas de Yucatán* donde reúne una valiosa información acerca de lo que él contemplara y conociera —en la segunda mitad del siglo dieciséis— de aquella cultura americana. El libro de Diego de Lnda, publicado en 1566, permaneció prácticamente ignorado hasta 1883, cuando lo dio a conocer el abate Brasseur de Bourgourg, quien lo halló en el Archivo de Madrid. Pero ya muchos años antes había sido publicado el libro *Indicents of Travel in Central America, Chiapas and Yucatán*, aparecido en 1841—, escrito por John L. Stephens (ricamente ilustrado por los dibujos de Frederick Catherwood, compañero de viaje del primero)

Hoy en día resulta muy cómodo y agradable recorrer la zona arqueológica de Chichén Itzá. Existen en torno a los monumentos prehispánicos numerosos hoteles, lo que evita tener que efectuar una apresurada visita con el objeto de regresar —como acontecía hace un par de décadas— a pernoctar a Mérida o bien seguir a Valladolid para alojarse en alguno de los hoteles de esta ciudad yucateca. A las seis de la mañana se abre al público este centro ceremonial, en donde es posible permanecer hasta las seis de la tarde. Casi frente a la puerta de entrada se encuentra la amplia plaza en la que luce la soberbia edificación denominada "El Castillo", que estuviera dedicado al culto de Kukulcán. Esta pirámide "por su altura y monumentalidad la más imponente de Chichén Itzá", está formada por nueve cuerpos escalonados y mide cincuenta y cinco metros por lado y tiene una altura de treinta metros. Cuando se efectuaron excavaciones en el piso del templo de la subestructura de este imponente "Castillo" se encontró que había otra construcción por debajo. Fue así como se hizo un túnel que permitió descubrir la escalinata de una pirámide más antigua, la cual también consta de nueve cuerpos escalonados y cuyo templo "es de planta más sencilla que el superior con sólo dos crujías que forman antecámara y santuario. En la antecámara del templo interior apareció la escultura de una deidad recostada del tipo llamado "chacmool", y en el santuario se destaca una escultura que representa a un jaguar en actitud feroz, con las fauces abiertas y la cola replegada sobre el cuerpo". Ambas esculturas, colocadas en el sitio donde fueron encontradas, pueden ser admiradas por los visitantes, ya que a ciertas horas del día se visitan las estructuras interiores de esta pirámide, así como la del "Templo de los Guerreros" —donde también existe uno más antiguo, de rica ornamentación— y la cámara interior, que luce hermosas pinturas, del "Templo de los Jaguares", en el extremo sur del imponente Juego de Pelota.

Muy próximo a "El Castillo" se ubica la enorme construcción del Juego de Pelota. Sus dimensiones son colosales, ya que la zona de juego alcanza los ciento cincuenta metros de largo. En la guía oficial de Chichén Itzá leemos que "visto desde el interior se compone de dos muros elevados y paralelos en cuyo centro se encuentran empotrados sendos anillos de piedra. Unas banquetas adornadas con bajorrelieves están adosadas a los muros. A cada extremo de la cancha se alza un templete o tribuna. Otro templo, el llamado de los Jaguares, domina el muro oriental. Anchas escalinatas permiten desde el exterior el acceso a las plataformas".

A corta distancia del Juego de Pelota se localizan diversos monumentos, de importancia secundaria, como el Tzompantli o "muro de calaveras", edificado durante el período de dominación tolteca de Chichén, la plataforma de tigres y águilas, también de factura tolteca, y la plataforma de Venus, quizá de índole astronómica por la decoración de sus tableros.

Uno de los edificios más sobresalientes de Chichén Itzá es, para nuestro gusto, el "Templo de los Guerreros", que forma parte de un monumental conjunto arquitectónico denominado "Mil Columnas", del cual asienta Paul Gendrop, en su hermoso libro *Arte Prehispánico en Mesoamérica*, "se asemeja al de Tlahuizcalpantecuhtli en Tula, no sólo por su silueta general: al igual que en la lejana capital tolteca encontramos aquí las grandes columnatas que cubriendo el arranque de la escalinata, se desarrollan hacia el frente y el costado del templo... los pilares interiores (del templo superior), como en Tula también, llevan esculpidos relieves de guerreros toltecas y representaciones de Tlahuizcalpanteculti como hombre pájaro-serpiente".

Esta pirámide de varios cuerpos está decorada con gran riqueza ornamental: en los tableros vemos figuras de dioses y animales, entre otros tigres y águilas. En la parte superior, en el pórtico del templo, hay dos columnas que representan a la serpiente emplumada, símbolo de Kukulcán, el dios Quetzalcóatl de los invasores mexicanos. Durante la reciente visita que realizamos (durante tres días recorrimos este fascinante centro ceremonial, y podemos decir que apenas así captamos someramente la grandiosidad de la "metrópoli mexicano-maya más grande del Nuevo Imperio" (Morley) por Chichén Itzá tuvimos la oportunidad de volver a contemplar una serie de edificios como la "Tumba del Gran Sacerdote" —otros la llaman "El Osario"—. "La Casa Colorada" o Chichén-Chob, de bella crestería delicadamente tallada; "El Caracol", que sirviera de observatorio a los astrónomos mayas; "La Casa de las Monjas", que

Templo de los guerreros y aula de las mil columnas.
Abajo: Detalle del bajorrelieve del Izompantli representando los cráneos de los vencidos.

tiene gran semejanza con aquella de igual nombre en Uxmal; "La Iglesia", de exuberante decoración con bellos mascarones del dios Chac, la suprema divinidad de la lluvia. Y después fuimos a la zona llamada "Chichén Viejo", donde admiramos el precioso y bien reconstruido "Templo de los Tres Dinteles", de neto estilo maya clásico; el llamado "Grupo de la Fecha", considerado el más importante conjunto de este sitio, y también el "Templo de los Falos", una construcción que data del período clásico pero cuyo motivo ornamental es indudablemente posterior.

Cada uno de los edificios y monumentos aquí enlistados merece una detallada relación, pero consideramos que así hacerlo tornaría prolija esta crónica. Por ello queremos enfocar ahora nuestra atención a uno de los lugares que de manera más ostensible motivan interés en Chichén Itzá. Nos referimos al Cenote Sagrado, el imponente pozo ceremonial del cual ahora nos vamos

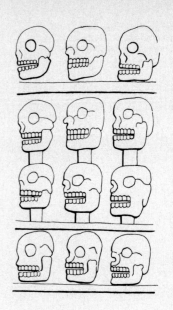

Arriba: Detalle del juego de pelota, uno de los más grandes de México en donde se realizaba el juego al que se aficionaron posteriormente los aztecas.

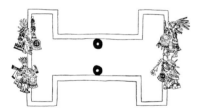

Arriba: Plano del juego de pelota, (bajorrelieve) en el que se pone de manifiesto su carácter ritual.

a ocupar: glosando para ello la abundante información anteriormente vertida en nuestro libro *"Arqueología Subacuática"*.

La península yucateca es una vasta zona calcárea que no cuenta con permanentes corrientes de agua en su superficie; sólo dispone de los receptáculos subterráneos formados por la filtración de las aguas pluviales al través de las fracturas del suelo.

En esta forma el agua se fue escurriendo hasta formar depósitos subterráneos, visibles cuando ocurren derrumbes en la capa caliza que las cubre. A estos lugares de almacenamiento de aguas bajo la superficie, visibles al venirse abajo la bóveda que los ocultaba se les llama dolinas, y en Yucatán reciben el nombre de cenotes, alteración de las palabras maya Dz'onot, y fueron considerados como lugares de residencia del dios del agua, del poderoso Chac, la deidad acuática del pueblo maya. Los pobladores de Chichén Itzá disponían de dos cenotes: el de Xtoloc, que les proporcionaba agua para sus cotidianas necesidades, y el cenote denominado Chen Ku (pozo sagrado), de un carácter predominantemente religioso.

Diego de Landa escribió acerca del cenote sagrado que nos ocupa lo siguiente: "en este pozo han tenido y tenían entonces costumbres de echar hombres vivos en sacrificio a los dioses en tiempos de sesca; pensaban que no morían aunque no los veían más. Echaban también muchas otras cosas de piedras de valor, que tenían preciadas".

Con el objeto de honrar a Chac, y sobre todo para rogarle que fuera benévolo en épocas de sequías y calamidades colectivas, los mayas llevaban a cabo imponentes ceremonias en el cenote Chen Ku. Ahí arroja-

ban hermosos presentes y valiosos objetos, anhelantes de que sus oraciones resultaran más gratas al dios. Lo mismo piezas de oro que de jade, igualmente la policroma cerámica que el aromático *poim* (el copal de los mayas), en la misma forma figurillas de hule que cascabeles de cobre: todo era lanzado ritualmente a las verdes aguas de este cenote, que mide cincuenta y nueve metros de norte a sur y sesenta metros de este a oeste. La superficie del agua está a veintidós metros de la orilla y la profundidad en la parte central alcanza los catorce metros.

Cuando las víctimas cruzaba la superficie del agua del cenote sagrado el pueblo quedaba esperando que pudieran sobrevivir, con el objeto de conocer el mensaje que los dioses les habían transmitido. Una versión refiere que habiendo sido enviadas a Chac en las primeras horas de la mañana, los sacerdotes aguardaban hasta el medio día. Si sobrevivía alguna, le arrojaban cuerdas para sacarla, y entonces se le tenía por viviente imagen de numen, a quien honraban al honrar al que había regresado desde su reino.

Una vez que Edward Herbert Thompson fue propietario, por una cantidad que se antoja ridícula e increíble, de la Hacienda de Chicén Itzá vio llegado el momento para el cual se había preparado por tanto tiempo. Después de leer muchas veces los libros de Stephens y de Diego de Landa aprendió el manejo de los equipos de buceo de escafandra en la ciudad de Boston. Luego hizo llevar una draga desde los Estados Unidos hasta el borde mismo del cenote, de "su" cenote para dar comienzo, en 1904, al primer rescate de arqueología subacuática realizado en el mundo. La draga se sumergió muchas veces antes de que apareciera alguna pieza que confirmara las inspiradoras palabras de Diego de Landa. Final-

mente, un día la cuchara metálica extrajo dos pedruscos amarillentos: era copal. A partir de ese momento no dejaron de sucederse los hallazgos: vasijas conteniendo copal, puntas de flechas, piezas de jade y de obsidiana, cascabeles de cobre y cráneos humanos. Durante meses estuvo Thompson sirviéndose de la draga antes de penetrar él mismo, acompañado por un buzo griego, a las oscuras y frías aguas del cenote.

Como no tenían ninguna visibilidad en el interior del pozo ceremonial se sirvieron del tacto para recuperar discos de oro, cascabeles de cobre, vasijas de cerámica, cuchillos de pedernal con mangos de oro, así como centenares de objetos del codiciado metal. Las mil y una piezas que Thompson extrajo del fondo del cenote de Chichén Itzá fueron enviadas al Museo Peabody, de la Universidad de Harvard, y al Museo Field, de la ciudad de Chicago.

Es evidente que la mayoría de los objetos de oro y cobre recuperados del Pozo de los Sacrificios —señala Morley— no fueron fabricados en la capital Itzá, sino que fueron llevados ahí por los peregrinos que acudían a la ciudad santa. El análisis químico ha demostrado que los objetos de metal encontrados en el Pozo llegaron desde puntos tan al sur como Colombia y Panamá, Honduras y Guatemala, y desde lugares tan al poniente y norte como los estados de Chiapas y Oaxaca y del Valle de México. Pasados los años Theodore Willard mencionó en su libro "The City of the Sacred Well" —"La ciudad del pozo sagrado"— que Thompson le refirió "con todos estos objetos preciosos que yo he tomado al dios de la lluvia, estoy seguro que no he extraído ni el diez por ciento de su tesoro... allí hay muchos otros, pero muchos más ornamentos de oro ocultos en las grietas del fondo, y muchas cosas más, más preciadas que

el oro para el anticuario". Este libro sirvió al arqueólogo alemán Mahler para presentar una denuncia ante la Secretaría de la Educación Pública y entablar proceso de demanda de robo a la nación.

Una interminable serie de circunstancias hizo que este proceso no se resolviera con la prontitud deseada. Thompson, después de muchísimos años de residir en Yucatán, regresó a su país, donde murió en 1935, a los setenta y cinco años de edad. Finalmente, en 1944 la Suprema Corte de Justicia de México falló en favor de Edward Herbert Thompson, ya que no existía ninguna ley de tesoros arqueológicos que cuidase de tan formidable patrimonio cultural. Algunos años más tarde, en diciembre de 1959, en ocasión del Quincuagésimo Octavo Congreso de Antropólogos Americanos, el Museo Peabody devolvió a México noventa y cuatro piezas de oro, de las muchísimas que posee esta institución. Y hace algunos años nuevamente el mismo museo americano devolvió a nuestro país un lote de 240 preciosas piezas de jade, mismas que se pueden admirar en el Museo de Arqueología de la ciudad de Mérida.

Chichén Itzá es, por muchos motivos, una de las zonas arqueológicas más bellas e interesantes de México y sus monumentos y edificios encierran la más atractiva lección de historia que podemos imaginar. En este centro ceremonial podremos escuchar el mensaje secular que tan bellas piezas talladas nos habrán de referir, de aquel misterioso pueblo que nos legara tan espléndidas obras de arte.

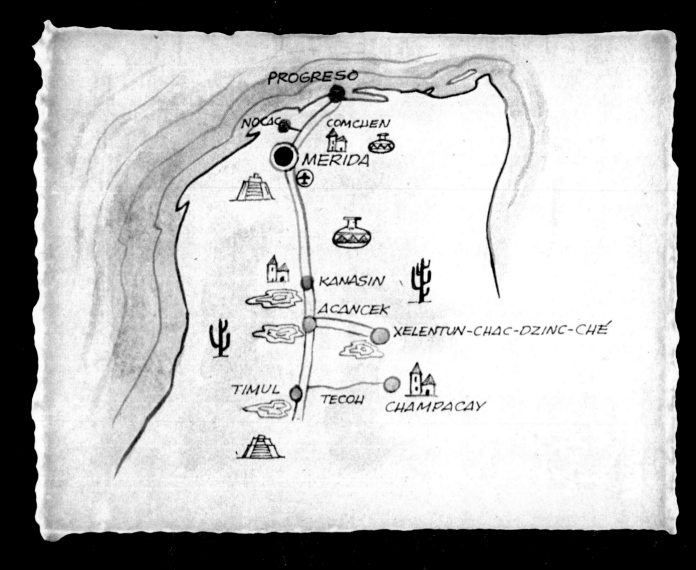

Una aventura reservada a los
especialistas en platos fuertes
constituye la espeleología subacuática
que se practica en los cenotes de
Yucatán.
Actividad apasionante que requiere
entrenamiento, técnica y
un experto guía.

En forma jocosa se dice que la espeleología es "el alpinismo al revés", ya que los montañistas escalan las cumbres, generalmente nevadas, para alcanzar la cima, y los espeleólogos descienden a las entrañas de la tierra, deseosos de llegar al lugar más profundo de esa sima. Hemos recordado este deta-

lle ahora que vamos a ocuparnos de una forma muy especial de practicar la espeleología: el espeleobuceo; que consiste en la exploración de las galerías subterráneas, que se encuentran inundadas, por medio del buceo.

El buceo se practica principalmente en el mar, donde existen infinidad de parajes —los arrecifes coralinos— espacio que, por su belleza y colorido, atraen a los adictos a esta actividad, que en México ha alcanzado un señalado auge. De la misma manera se puede realizar la inmersión en ríos, lagos, lagunas, y una tercera posibilidad para sumergirse bajo las aguas está dada por el buceo en las cavernas, que exige mayor experiencia para que la inmersión se verifique sin contratiempos, minimizando los riesgos inherentes a tan fascinante aventura.

En nuestro país el espeleobuceo se viene desarrollando en creciente escala en el Estado de Yucatán, merced a las favorables condiciones geológicas ahí existentes. La presencia de cenotes en la península yucateca es el resultado de la filtración de las aguas procedentes de la lluvia, las cuales atraviesan las capas superficiales del terreno y horadan el subsuelo, hasta llegar a zonas de rocas más compactas. Por este motivo Yucatán no cuenta con corrientes superficiales. Ni ríos ni arroyos existen en esa entidad, a diferencia del resto del país, donde sí hay cauces fluviales más o menos caudalosos.

F ernand Lambert menciona en su precioso libro "Cordadas Subterráneas" que el agua, cargada de ácidos, penetra en las fisuras de las rocas calcáreas, las dilata, y arrastra partículas de piedra dura que añaden la acción mecánica a la de corrosión química de los ácidos contenidos en el agua. De ahí la formación, debajo de las superficies calcáreas, de cavidades a veces muy amplias, de ríos subterráneos, de grutas, etc.". Esas fisuras del terreno calizo reciben el nombre de diaclasas, las que al dilatarse por el agua de la lluvia, cargada de anhídrido carbónico, se van expandiendo, y al paso de los siglos, o quizá de los milenios, el subsuelo queda convertido en una red de oquedades subterráneas, que son el mejor exponente de lo que se ha dado en llamar fenómenos kársticos.

Este nombre proviene de la región de Karst, cerca de trieste, donde el geólogo austríaco Lidner observó, a mediados del siglo pasado, la desaparición de las aguas en los terrenos calizos.

En otro escrito nuestro referente a este asunto, mencionamos que las aguas fluviales atraviesan el suelo y el subsuelo de Yucatán, el cual por sus características especiales —terrenos calcáreos que permiten el paso del agua hacia capas más compactas— impide la formación de cauces fluviales en la superficie. Por esta razón, el agua llega a almacenarse en sitios a mayor profundidad, en amplias cavidades que, al derrumbarse la bóveda que les servía de techo, dejan al descubierto depósitos de agua más o menos amplios. Estos lugares reciben en lengua maya el nombre de D'zonot, de donde se origina la palabra *cenote*.

Sylvanus G. Morley, uno de los mayólogos más renombrados y autor del documentadísimo libro "La Civilización Maya", asentó lo siguiente a este particular: "Algunos de estos pozos naturales miden sesenta metros o más de diámetro, y su profundidad varía según el espesor de los estratos calizos que forman el terreno en el que están situados. En tiempos pasados eran la fuente principal de abastecimiento de agua, de

LA LEYENDA DE LOS CENOTES
Desde tiempo inmemorial los cenotes han constituido, para los moradores de Yucatán, objeto de especial importancia. Las narraciones legendarias nos hacen saber que en el pasado se pensaba —y quizá aún perduren en el ánimo de las gentes tan curiosas ideas— que en esos depósitos de agua habitaban los kakaziklob, o vientos malos.
También se pesanba que era el lugar de residencia de la Xtabay, figura mítica, la cual, según la leyenda, era una mujer fantasmal que seducía y mataba a quienes, atraídos por su incomparable hermosura, se atrevían a seguirla.
Por sobre todas esas añosas ideas en torno a los cenotes prevalecía el pensamiento de que en los cenotes habitaba Yuumchac ("el señor de las aguas"), a quienes los mayas solían honrar con rogativas muy solemnes para que la deidad se mostrase propicia en caso de aflictiva sequía.

la misma manera que los son en la actualidad. Eran como los oasis del desierto, y, en una palabra, constituían el factor decisivo que influía en la distribución de la población antigua del norte de Yucatán".

Es casi seguro que la composición geológica de Yucatán sea muy similar a la de Florida, en la unión Americana, ya que allá existen numerosas grutas en donde el buceo se realiza en forma muy controlada. Tenemos conocimiento de los diversos accidentes ocurridos a buceadores tenidos por experimentados, quienes en esas galerías perdieron la vida al no poder regresar a la superficie. Por ello afirmamos que son tan especiales las condiciones en las que se efectúan las inmersiones en las entrañas de la tierra, siguiendo un laberinto de túneles y pasadizos —algunos de ellos muy estrechos—, que hacen obligatoria la adopción de medidas de seguridad, tendientes a que los buceadores se hallen al margen de circunstancias que pudiesen traducirse por situaciones potencialmente peligrosas. De aquí que insistamos y enfaticemos en la necesidad de contar con el cabal entrenamiento en el buceo, antes de sumergirse en estas simas.

Existen en Yucatán tres tipos principales de cenotes. Abiertos, cuyas paredes son casi verticales, como el Cenote de Chichén Itzá; semicerrados, que tienen una forma semejante a la de un cántaro, con una pequeña abertura en la parte superior y más amplios y dilatados hacia abajo, como el de Timul; y cerrados, o de caverna, cuando la entrada se halla ubicada en un costado, como el de Bolonchohol.

La Dirección de Fomento Tutístico de Yucatán publicó recientemente un interesante folleto referente a las cavernas y cenotes de esa atractiva entidad. Ahí se enlistan 93 grutas, entre las que nosotros destacamos, por su gran belleza escénica, las de Loltún, Calcehtok, Balancanché (de señalada importancia arqueológica) Dzitnup y Sihuanchén. En lo que concierne a los cenotes, en el mencionado folleto se consigna la gran cantidad que de estas formaciones geológicas existen en el Estado de Yucatán. Algunos de ellos tienen relevante carácter ceremonial, ya que en estos sitios los mayas celebraban actos religiosos en honor de sus divinidades de la lluvia. Entre otros tenemos los cenotes de Tabí, Sotuta, Yaxcabá, Tibolón, Xanchunnup, Syutunchén y Dzibichaltún, sin olvidarnos, claro está, del de Chinchén Itzá, el cual atraía nutridas perigrinaciones de distantes sitios de Centro y Sudamérica, a más de otros parajes de Mesoamérica.

Como detalle de curiosidad histórica anotaremos que en el cenote de Mucuyché, en la región sur de Yucatán, existe una piedra que tiene grabada la inscripción siguiente: "Aquí se bañó la emperatriz Carlota de Habsburgo"; quizá ocurrió este hecho, si alguna vez tuvo lugar, cuando Carlota abandonó la ciudad de México para dirigirse a Europa a solicitar urgente apoyo militar para Maximiliano, su esposo. Fue entonces cuando, en 1865, Carlota se embarcó en Sisal, habiendo pernoctado en una pequeña casa provista de faro, a la que pomposamente se le denomina "El Castillo".

La exploración de los cenotes peninsulares mediante las inmersiones se ha incrementado notablemente gracias al entusiasmo del Club de Espeleobuceo de Yucatán, integrado por experimentados buceadores, como Carlos Cervera, Carlos Cano, Raúl Domínguez, Fidel López, Jorge Zamacona y Fernando Rosado Lara, éste último el presidente del grupo y sin lugar a duda la persona que más conoce la técnica que se requiere para adentrarse en esos pasadizos sumergidos, ya que con repetida frecuencia efectúa inmersiones en infinidad de estos lugares.

Contando con la inapreciable asistencia, como guía, de Fernando Rosado Lara realizamos, en el mes de septiembre de hace tres años, un formidable recorrido por seis cenotes próximos a la ciudad de Mérida. Tres años más tarde, en el mes de agosto de 1984, organizamos otra expedición más ambiciosa y mejor planeada a tan fascinantes parajes subterráneos. El grupo, integrado por ocho miembros del Instituto de Oceanografía, A.C. de la ciudad de México, se trasladó a la capital yucateca con gran cantidad de equipo, requerido para ese tipo muy especial de inmersiones (considero conveniente señalar que Aeroméxico nos brindó una atención especial, que mucho reconocemos, ya que el volumen del equipaje era en verdad considerable). El mismo día de la llegada a Mérida procedimos a cargar las botellas de aluminio a una presión de tres mil libras, y dejamos todo preparado para iniciar al siguiente día las buceadas en los cenotes escogidos para nuestra exploración.

Muy temprano por la mañana abordamos dos minibuses y dejamos atrás la ciudad de Mérida, siguiendo la carretera que conduce a Acanceh. Llegamos luego al ejido de Cuzamá, donde buscamos a nuestro conocido Don Nachito Tun, un amable anciano que nos condujo, manejando la plataforma jalada por un cansino jamelgo, a las inmediaciones del cenote. En este vehículo, que corre por las vías tendidas entre los campos de henequén, fue colocado el voluminoso equipo de los buceadores, y luego subimos nosotros, para recorrer los cuatro kilómetros que hay entre la casa de Don Nachito y el cenote de Xelentín.

Descendemos de la plataforma veinte minutos más tarde, a unos diez metros de la boca del pozo, donde hay una rústica y estrecha —a más de resbalosa— escalera de piedra, de unos treinta peldaños que se sostiene sobre dos arcos. Fue construida la escalinata en el año de 1930 —de acuerdo a la inscripción ahí existente—, para comodidad de los habitantes del lugar, quienes bajaban a bañarse en las frescas aguas del cenote.

Una vez en la vasta galería, de unos cien metros de largo por treinta de ancho, vemos la transparencia de las aguas y advertimos que el nivel ha subido, debido a la excesiva cantidad de lluvia que ha caído en esta temporada pluvial. Hay numerosas estalacticas que penden de la bóveda, separada por unos veinte metros de la superficie del agua.

Los dos fotógrafos del grupo: Martín Sánchez y Ernesto Rosales —que tienen a su

rias fisuras por las cuales pasamos. Cuando nos encontramos en el punto más distante de la gruta, debajo del agua, nos llega una ligera claridad de la luminosidad exterior, que se introduce por el orificio de la bóveda donde está la escalera de piedra. Al día siguiente salimos rumbo a Progreso, y en el kilómetro 14 continuamos por la desviación al pueblo de Comchén hasta la hacienda de Noc-Ac, donde se ubica el cenote de ese nombre, a unos 25 kilómetros de Mérida. Pasamos frente a los nudos despojos de una otrora floreciente finca henequenera, y no tardamos en llegar, en nues-

El cenote sagrado de Chichen Itza es uno de los más amplios y profundos. En él se han realizado las excavaciones más minuciosas recuperando un fabuloso tesoro cultural que han permitido comprender la naturaleza del ritual de sacrificar de los antiguos mayas.

había caído un fuerte chubasco, papó las ropas de todos, dejadas arriba la caverna). Quizá el agua que se las capas del subsuelo provocó reacción química, la que dio por ese hilillo de gas.

cargo captar en imágenes esta formidable aventura subacuática— preparan con todo cuidado su equipo, ya que serán ellos los primeros en descender a captar fotografías, antes de que el agua se rebote con el movimiento de los otros buceadores. Luz María Guzmán y José Fuertes, ambos biólogos, y Luz María Rosales, fungirán como ayudantes de los dos primeros, llevando otra parte del material fotográfico.

Momentos después nos sumergimos Georgina Leo Alonso, Alejandro Enríquez y quien esto escribe. El fondo se encuentra aproximadamente a veinticinco metros, y hay va-

tros vehículos, a la orilla misma del cenote, cuya boca debe tener unos cuatro metros de diámetro. Hay una desvencijada escalera de hierro, de unos dos metros, que permite la salida del pozo —considero que lo más fácil para entrar al agua es saltando desde la orilla-.

En la misma forma como ocurrió el día anterior, y como sería los seis días siguientes, primero entraron al agua los dos fotógrafos y sus tres ayudantes, guiados por Fernando, quien de inmediato ató una cuerda de vida a la escalera metálica. Los tres restantes nos sumergimos una vez que concluyó la inmersión del primer grupo.

El fondo del cenote se halla a unos 24 metros. Descendemos por la parte lateral de un cono de tierra y piedras, y contemplando las paredes nos extasiamos al observar millares de conchas y caracoles que tapizan este lugar. Con ello se pone de manifiesto que hace quizá millones de años estos parajes de la península de Yucatán estaban cubiertos por el mar, y debido a las convulsiones telúricas esta tierra emergió del fondo marino. En este cenote de Noc-Ac se encuentran dientes fosilizados de tiburón, de un tamaño muy considerable, lo que nos permite calibrar las colosales dimensiones que alcanzaban los escualos en aquel lejano entonces.

La emoción de bucear en las cavernas emergidas es más ostensible cuando penetramos a unas exiguas cámaras pétreas, uno a uno, cuidando de no rebotar con el movimiento de las aletas el fango del suelo. Después de recorrer por breves minutos las partes más alejadas, siguiendo otra cuerda de vida que Fernando amarró a la entrada de una galería, a la cual llegan pálidos reflejos de la luz exterior, salimos y nos dedicamos a reconocer todo el contorno, a una profundidad de unos quince metros. Siguiendo una imaginaria espiral vamos ascendiendo hasta llegar al pilón de detritus, tres metros por debajo del nivel del agua. Para mayor seguridad, y desaturar nuestro organismo del exceso de nitrógeno absorbido durante la permanencia subacuática, efectuamos una parada de descompresión de tres minutos.

La tercera inmersión tiene lugar en el centro de Champacay, a unos 70 kilómetros de Mérida, al cual en un principio los miembros del Club de Espeleobuceo de Yucatán designaban con el mote de "El Maldito", por la gran dificultad que había de descender al agua y luego ascender a la superficie, en el exterior del pozo.

Llegamos en los dos vehículos hasta una construcción donde tienen un criadero de cerdos, y a unos veinte metros de distancia nos asomamos a la orilla del cenote. De forma más o menos rectangular —calculamos sus dimensiones en unos 50 ó 60 metros de largo por unos 30 ó 40 de ancho—, el nivel del agua debe estar aproximadamente a quince metros del suelo exterior. Para llegar abajo hay que hacer algunas piruetas para colocar una escalera de cuerdas y duraluminio, de veinte metros, por la cual desciende todo el grupo (excepción hecha de José, quien con un acrobático salto se evita la lata de bajar por la oscilante escala). El equipo es bajado por Martín, Ernesto y Fernando, sirviéndose de una polea que se coloca en el brocal de un pozo abierto al agua, directamente abajo.

Hay en este cenote de Champacay una gran luminosidad. Conviene anotar en este momento que casi siempre nos sumergíamos al filo de las doce del día, hora en que los rayos solares penetran casi perpendiculares al agua. Descendimos al fondo siguiendo una especie de repisas, y alcanzamos una profundidad de unos veinticinco metros, quizá treinta. La negrura del pozo se ve rasgada por las luces de las lámparas de los buceadores, quienes llevan atadas, al arnés del tanque de cada uno, pequeñas luces de cialumen, para ser fácilmente detectados por sus compañeros en aquellos lugares. En este sitio Fernando, nuestro experimentado guía, coloca en lugar apropiado la cuerda de vida, para mejor seguridad. Luego nos dedicamos a contemplar las paredes recubiertas por miles —quizá pudiéramos decir millones— por el crecidísimo número de conchas y caracoles fósiles que, centímetro a centímetro, tapizan este pozo. Para los biólogos y los geólogos estos recintos acuáticos constituyen puntos de gran interés científico, ya que ahí pueden estudiar los convulsivos cambios ocasionados por la telúrica violencia que tuvo lugar hace millones de años en la faz del planeta.

El tiempo de inmersión nos parece brevísimo, pues apenas hemos podido vislumbrar la magnificencia del interior del cenote de Champacay, uno de los más hermosos, bajo la superficie, que exploramos durante nuestra actividad subacuática y subterránea en Yucatán.

La cuarta inmersión se efectúa en el cenote de Noc-Ac, ya descrito, con el objeto de captar mayor número de fotografías de las conchas, caracoles y dientes de tiburón fosilizados que ahí se encuentran. Al día siguiente vamos al cenote de Timul. Salimos rumbo a Kanasín, y luego pasamos por Acanceh y Tecoh. Entramos a la propiedad del licenciado Carlos Granja Ricalde (quien por la amistad que lo liga con Fernando Rosado Lara nos franquea las puertas de su finca ganadera), y tras cruzar una gran extensión de terreno, llegamos, siguiendo un sac-be: "camino blanco", hasta la casa del rancho. Los vehículos quedan a una distancia de unos treinta metros de la boca del pozo, y el equipo debe ser transportado por los buceadores.

Una vez que hemos descendido todo el equipo hasta una pequeña playita, por debajo de la boca del cenote, que simula ser una repisa, bajan los buceadores a colocarse la estorbosa pero necesaria impedimenta con la cual se facilita la inmersión.

El cenote tiene casi una forma perfecta de cilindro, de unos 50 metros de diámetro y cien metros de profundidad. Allí constituye un soberbio espectáculo distinguir a los buceadores que penetraron primero, cuando los alcanzan de lleno los rayos solares. Nosotros buceamos a treinta metros de profundidad, donde se halla una cornisa a manera de repisa de piedra. Las paredes están formadas, nos parece, por el informe

Queda en los cenotes un fabuloso tesoro paleontológico que poco a poco está saliendo a la superficie. Las paredes de las cuevas son uno de los más fabulosos tesoros en fósiles marinos.
En ellas se pueden observar a millares, dientes y discos vertebrales de gigantescos tiburones, caracoles y conchas de gran tamaño. Los expertos adelantan que el estudio minucioso de estos restos permitirá un moderno estudio de la naturaleza de estas extrañas formaciones.

amontonamiento de grandes bloques. Hacia abajo vemos el fondo, en donde creemos distinguir una enorme grieta. Mirando hacia arriba admiramos el azul brillante de la superficie de las aguas, que inundan el cenote de Timul.

Este día no consumimos los bocadillos que llevábamos, como los días anteriores, ya que el propietario del rancho, el licenciado Carlos Granja Ricalde, nos obsequia con un borrego, que sus operarios matan, descuar-

plataforma, mientras el esquelético caballo —al cual se le transparentan las costillas como si fuera una marimba— mordisquea perezosamente la hierba.

Al sumergirnos descendemos a 25 metros, y ahí entramos a un túnel, de escasos dos metros de diámetro y 25 o treinta de largo, siguiendo en todo momento la cuerda de vida. Llegamos a otra galería, y en el piso vemos la negrura de otro orificio al cual ya no penetramos, vigilando la profundidad de la inmersión y la duración de la misma. De un diminuto orificio en la pared de la caverna vemos salir un hilo de humo, a unos veinte metros de profundidad (momentos antes había caído un fuerte chubasco, que empapó las ropas de todos, dejadas arriba de la caverna). Quizá el agua que se filtró por las capas del subsuelo provocó alguna reacción química, la que dio por resultado ese hilillo de gas.

No es fácil aventurarse en estas cuevas inundadas, es necesario contar con un entrenamiento especial que permita superar la claustrofobia, orientarse a estas profundidades, además de contar con equipos técnicos que aseguren al espeleólogo el adecuado suministro de oxígeno.

L a postrera inmersión se realizó en el cenote de Bolonchohol, a unos cuarenta kilómetros de Mérida. Llegamos a la hacienda de Chinquilá y luego seguimos a campo traviesa seis kilómetros más. Aquí no se ve otra cosa que un par de agujeros en el piso. En uno de ellos, de dos metros de diámetro, quizá un poco menor, sobresale una escalera de fierro, hecha con unos trozos de vías y travesaños, también de metal. Por ella descendemos, una vez que se amarra muy bien la escalera de cuerdas al extremo inferior de la metálica, que no llega hasta el fondo. Por el otro orificio enviamos el equipo hasta el nivel del agua, con ayuda de tres troncos —con los que se hace un rústico trípode— y la polea tan útil.
Abajo está el agua a unos quince o veinte metros del techo de ese cenote, que es el que produjo mayor impacto a todo el grupo. Entramos al agua y a veinte metros se vislumbra un pasadizo, que gana profundidad en forma casi vertical. Recorremos unos veinte metros por ese túnel y llegamos a otra galería, con la cuerda de vida en nuestras manos. La profundidad a la que llegamos en este espectacular paraje subacuático fue de unos treinta y cinco metros. Al término de la inmersión regresamos a la superficie embelesados por la exploración, que siempre habrá de parecer un suspiro de breve, de estas galerías subterráneas. Todos aquellos que gusten realizar idénticas actividades subacuáticas en los cenotes de Yucatán pueden hacerlo. Para ello nos permitimos sugerir que se pongan en contacto con Fernando Rosado Lara, que es la persona más indicada para fungir como guía de los buceadores en su natal Yucatán. Acompañados por este magnífico y experimentado guía de buceo se halla garantizada la feliz realización de las entrañas de la tierra, cubiertas por el transparente manto de las aguas en los hermosos y fascinantes cenotes de la península yucateca.

Todos aquellos que gusten realizar idénticas actividades subacuáticas en los cenotes de Yucatán pueden hacerlo. Para ello nos permitimos sugerir que se pongan en contacto con Fernando Rosado Lara.

tizan y preparan asado en las brasas, con gran celeridad.

La sexta inmersión tiene verificativo en el cenote de Chac-Dzinic-Ché, a una distancia aproximada de unos 45 kilómetros de Mérida. Nuevamente nos acompaña Don Nachito, con la plataforma "de un caballo de fuerza", donde viaja todo el grupo con el equipo de buceo. En medio de un pequeño bosque está el cenote, a unos cincuenta metros de la vía férrea, donde queda la

TULUM Y COBA

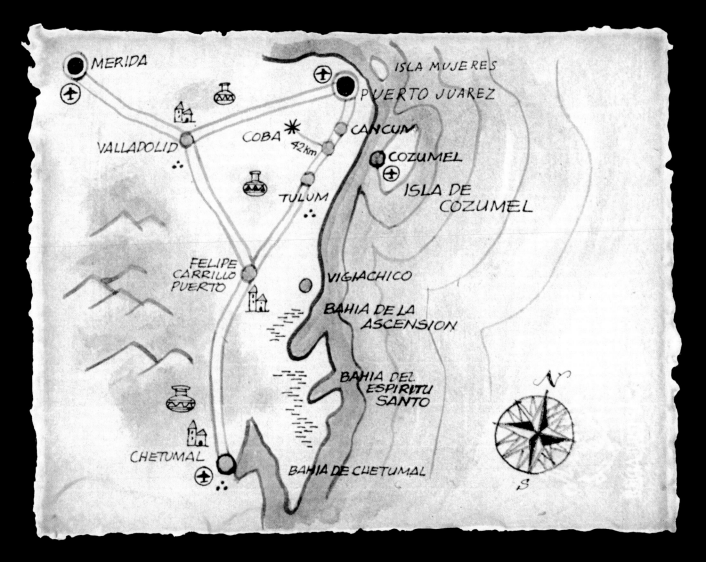

Junto al mar Tulum y junto a bellísimos
lagos Cobá, las dos ciudades mayas
constituyen el paseo obligado
para quienes, visitando el Yucatán o
Cancún desean hacer un apasionante
viaje al pasado.

La zona arqueológica de Tulum, a
120 kilómetros de Cancún encerrada en un recinto amurallado
por tres lados, se localiza en la costa oriente del estado de Quintana Roo. Su nombre
actual significa en leguna maya "fortifica-
ción", "muralla", mas se tiene la certeza que
su denominación original era *Zama*, que

quiere decir "amanecer". Tal nombre, seguramente, le fue dado por el hecho de estar
ubicado a la orilla del mar, frente al este, por
donde se levanta el sol. En los otros tres
puntos cardinales hay otros tantos muros
que debieron tener finalidades defensivas.
La expedición de Juan Grijalva, en 1518,
desembarcó en Cozumel el 5 de mayo de
ese año, y algunos días más tarde exploró
una parte de la costa. Es casi seguro que
se trata de Tulum cuando Juan Díaz, autor
de la relación de ese viaje, habla de la ciudad que vieron y de la cual dice que era
"...tan grande, que la ciudad de Sevilla no

Imagen y glifo de los dioses
del panteón Maya según se recogen en el
Códice Dresden.

Dios de la Estrella
del Norte

Dios de la Muerte

Itzamana

Dios de la Lluvia

Chac

Dios del Maíz

nos hubiera parecido mayor ni mejor... con una torre muy elevada". La torre por ellos vista, recortada sobre el acantalido costero, era sin lugar a duda el edificio ahora denominado "El Castillo".

En opinión del cronista Sánchez de Aguilar fue gobernante de *Zama*, llamado Kinich, quien tuvo como esclavos a los españoles Gerónimo de Aguilar y Gonzalo Guerrero, que sobrevivieron al naufragio de 1511 cuando retornaban del Darién. Como se recuerda, sólo el primero se unió a Cortés y le fue de indudable utilidad por su conocimiento de la lengua maya. El otro, Guerrero, prefirió quedarse en aquella tierra al lado de su mujer maya, con quien había procreado varios descendientes.

La antigüedad de Tulum se remonta a muchos siglos. Si bien no encontraron vestigios de cerámica de la época clásica —que corresponde a la etapa que va desde varios siglos antes de Jesucristo hasta el siglo cuarto de nuestra era— sí existe una estela esculpida que lleva la fecha del año 564. En opinión del mayólogo Sylvanus G. Morley esto "indicaría una ocupación de Tulum durante la fase antigua del período clásico maya, pero se carece de información sobre la arquitectura que le hubiera sido contemporánea".

En la guía de Tulum preparada por el Instituto Nacional de Antropología e Historia leemos los siguientes datos: "Varios de los edificios presentan superposiciones arquitectónicas, pero los más antiguos no parecen ser muy anteriores a los que les fueron superpuestos, y además contienen elementos considerados como tardíos. La presencia de columnas en forma de serpientes emplumadas, y en algunos casos de taludes en las bases de los muros exteriores, son influencias toltecas, como ocurre en Chichen Itzá. El estilo de las pinturas murales con fuertes influencias mexicanas; el hecho de estar la ciudad amurallada como Mayapán, Chacob e Ixcaatun, y la cerámica, muy semejante a la de Mayapán, tienden a situar la ocupación de Tulum en una época muy tardía, es decir, en los tres siglos anteriores a la conquista española".

John Stephens dió a conocer estas espectaculares ruinas mayas en su libro "Viaje a Yucatán", publicado a mediados del siglo pasado; si bien las primeras noticias no trascendieron y eran debidas a Juan José Gálvez, quien les comunicó allá por el año de 1840. Posteriormente vinieron otros exploradores, como Howe, Lothrop y el príncipe Guillermo de Suecia. Para el año 1937 Tulum fue objeto de los estudios de la Expedición Científica Mexicana del Sureste de México y Centro América, y corresponde al arqueólogo mexicano Miguel Angel Fernández —autor del reporte respectivo— el mérito de haber realizado estupendas exploraciones y diversas obras de restauración.

El recinto amurallado (tiene seis metros de ancho y de tres a cinco de altura) que encierra el centro comercial de Tulum mide 380 metros de norte a sur y 165 de este a oeste. Las edificaciones están prácticamente reunidas en la parte central del cuadrilátero: ahí vemos "un atrio circundado por monumentos de diferentes siluetas y tamaños, no dispuestos en forma absolutamente simétrica, a pesar de lo cual constituye

Vista del templo de los frescos.
Pequeña construcción en donde se han
conservado valiosas muestras del
arte mural de esta sorprendente cultura.

una representación del numen de la lluvia. La fachada principal y las esquinas noroestes y suroeste de este templo lucen pinturas murales: serpientes entrelazadas que enmarcan representaciones religiosas, en donde podemos identificar a varias de sus deidades tutelares, del sol, de la lluvia y de la agricultura. El interior del muro este también estuvo decorado con igual policromía, "...reconociéndose las figuras de varios dioses en escena de ofrenda, encuadradas entre faja que simboliza el cielo nocturno con representaciones del Sol, de Venus y de las estrellas".

El tercero de estos monumentos es "El Templo de la Serie Inicial", que se localiza en el ángulo sureste del recinto interior. La fachada principal mira el norte y en un pequeño altar encontró Stephens la Estela número 1, en fragmentos, cuya fecha indica el antes mencionado año de 564 antes de Cristo.

Además de los edificios señalados es muy interesante "El Templo de los Frescos", casi en la parte central de la ciudad amurallada de Tulum. Se halla formado por varias superposiciones y luce en la fachada una doble moldura y un nicho arriba en la puerta que albergaba una escultura del Dios Descendente. El espacio comprendido entre las dos molduras y el muro de la fachada se ve cubierto de pintura verde azulosa sobre fondo negro. "Representan deidades y serpientes entrelazadas, escenas de ofrendas en que abunda flores, frutos y mazorcas de maíz, seguramente asociadas al culto de la vegetación. Como las demás pinturas de Tulum, no son realistas sino simbólicas, semejantes a los códices mayas y con fuertes reminiscencias de los manuscritos pintados de los mexicanos".

Los otros edificios: plataformas, adoratorios y templos aun cuando menos importantes, contribuyen a brindarle a quien contempla esta ciudad amurallada el impacto estético más sorprendente, pues se trata quizá del único lugar en suelo mexicano donde podemos admirar tan hermosos restos prehispánicos a la orilla de un mar tan luminoso, cuyas aguas adquieren tonalidades que oscilan del azul brillante al verde esmeralda más tranquilo, como en el Caribe, que baña las costas más atractivas de México y por donde llegaron, hace poco más de cuatro siglos y medio los "hombres blancos y bárbaros" que vaticinara el misterioso Quetzalcóatl.

"COBA"

El viajero que visita Cancún (centro turístico de creciente importancia, ya que la extraordinaria belleza natural de esta ínsula caribeña se acentúa por la transparencia de las aguas, color turquesa, que bañan sus playas, cuya arena es de una blancura y suavidad en verdad sorprendente) tiene la oportunidad de admirar, a una distancia de ciento viente kilómetros, la zona arqueológica de Tulum, centro ceremonial maya si-

un conjunto de masas bien equilibradas". Los tres edificios más notables son "El Castillo", "El Templo del Dios Descendente" y "El Templo del la Serie Inicial". Los demás, de menor importancia, se agrupan en templos, adoratorios y plataformas, diseminados en toda la extensión de este majestuoso recinto amurallado, que por este detalle arquitectónico nos hizo recordar urbes como Carcasonne, en Francia y Chester, en Inglaterra, ambas gemas de la arquitectura medieval europea.

"El Castillo" es la construcción más alta, sito en la parte este del eje transversal del centro ceremonial que nos ocupa, casi sobre los cantiles rocosos. Debió ser el templo de mayor relevancia, tanto por el lugar que ocupa como por sus dimensiones. "El Templo del Dios Descendente", está en el lado norte del recinto interior, próximo a "El Castillo" no es erróneo pensar que el Dios Descendente, tan representado en Tulum, sea similar al Tzontemoc del pueblo azteca, tenido por símbolo del astro rey al caer la tarde. Precisamente la fachada del monumento mira al poniente. Pero también se piensa que la divinidad en cuestión signifique to a la orilla del Mar Caribe. Y a 47 kilómetros de esta ciudad amurallada, hacia el oriente y siguiendo siempre la cinta asfáltica, llega a Cobá, hoy en día sitio de notorio interés arqueológico, pues en el esplendor de la civilización maya la ciudad de Cobá floreció durante ocho siglos, entre el año 623 (D.C.) —fecha de su fundación— y los años finales del siglo quince, cuando vino su decadencia.

M uy pocas son las menciones que acerca de Cobá hemos encontrado en los libros, y aún no se ha publicado, como ocurre con otros centros arqueológicos mayas, ninguna guía oficial, que nos relate la historia y principales acontecimientos del lugar. Por ello vamos a acudir a las fuentes de información, que en este caso son dos distinguidos mayólogos, J. Eric S. Thompson— no confundirlo con Edward Thompson, que extrajera del "su" cenote de Chichén Itzá el más maravilloso de los tesoros— y Sylvanus G. Morley, quienes serán nuestros guías en el recorrido que efectuaremos por Cobá. Empezaremos por decir que Eric Thompson anota que en el año de 1926, durante la temporada de trabajos de exploración y restauración en las áreas próximas a Chichén Itzá, Thomas Gann visitó Cobá ("situada en lo más profundo de la selva deshabitada de Quintana Roo y a unos cien kilómetros al oriente de Chichén Itzá", dice Thompson), y por la descripción que les hizo a los arqueólogos les despertó el interés para visitar las pirámides y monumentos que él había contemplado. Un viaje a lomo de mula que les tomó poco más de doce horas, desde Chichén Itzá, les permitió llegar a la orilla del lago Cobá, en cuyas proximidades se encuentran los principales edificios.
Durante el recorrido que efectuamos en 1974 por Cancún y Tulum nos llegamos hasta Cobá, ya por una buena carretera. Entonces solamente hicimos una visita de escasa una hora, pues había que regresar hasta Cancún. Ahora, que ya se cuenta en Cobá con un magnífico hotel, incluso cuenta con alberca, decidimos quedarnos tres días completos para estar en condiciones de recorrer todos los sitios conocidos de este centro ceremonial de gran relevancia en la civilización maya, el cual ahora empieza a ser más visitado y, por ende, mejor conocido.

P rimeramente ascendimos la pirámide sita en las inmediaciones de la caseta de acceso a la zona arqueológica. Es una esbelta pirámide con una pequeña escalinata en su base. Tanto ésta como la gran pirámide (que tiene en su parte superior un templo en cuyos tres nichos exteriores existían sendas —actualmente sólo dos— es-

culturas que representan el "Dios Descendente" nos recordaron otros monumentos mayas de El Petén, en Guatemala. Al respecto Eric Thompson expresó que "tanto por los medios empleados como por su apiñada distribución de pirámides y edificios de múltiples aposentos agrupados alrededor de patios, a diferentes niveles y comunicados por amplias escalinatas, Cobá se diferenciaba por completo de Chichén y otras ciudades de Yucatán; recordaba más bien a las ciudades del período clásico existentes en El Petén, en Guatemala". Luego fuimos, siempre en la feliz compañía de un excelente guía del lugar —de nombre Víctor Manuel—, a la pirámide mayor, llamada Nohoch Mul (en lengua maya se traduce, precisamente, por gran cerro, gran pirámide). Aquí está, como ya anotamos, el Templo del Dios Descendente, que Thompson supuso haber descubierto, mas luego se enteró que el mérito correspondía al explorador Teobert Maler, quien recorrió aquellos lugares treinta y tres años antes.
Otro lugar de interés, próximo a las dos pi-

Sobre la adintelada puerta, la imagen del Dios Descendente. Los expertos opinan que se trata de la deificación de la imagen del sol bajando sobre las aguas. Esta deidad muy representada tanto en estelar como en los códices y pinturas tuvo sin lugar a dudas un importante valor ritual, su presencia en la costa es la más importante, incluso a veces, más que el enigmático lhucalcan la serpiente deificación (Ketzalcoatl) quien predijera la llegada del hombre blanco, los bárbaros que acabarían con las viejas culturas.

Los mayas habían logrado un absoluto dominio de la pintura al fresco. Su técnica de estucado ha sido de tal precisión y calidad que aún hoy sigue siendo uno de los grandes misterios. Su sistema de coloreado nos ha permitido admirar a muchos siglos de distancia aspectos reveladores de sus ritos ceremoniales, su vida y su arte guerrero.

La escritura maya adquirió gran importancia en la transmisión de las tradiciones. De otra factura pero basada como la china en ideogramas, tuvo sin lugar a dudas un mejor poder de comunicación que la utilizada por los aztecas en sus códices pintados.

rámides y no lejos del Juego de Pelota de Cobá, es una pequeña pirámide que luce un minúsculo templo en la parte superior, decorado con los restos de pinturas murales de bella policromía.

Al día siguiente, desde muy temprano iniciamos nuestra caminata para recorrer la zona de los lagos de Cobá. Morley nos dice que por su tamaño Cobá (que fue la ciudad más antigua e importante del Nuevo Imperio Maya y el centro más grande del Viejo Imperio, en el nordeste de Yucatán) ocupa el segundo lugar de la clase denominada 1; y agrega "aunque la Tabla 7 solamente registra cuatro sitios de la clase 1 —Tikal y Copán en el Viejo Imperio, y Chichén Itzá y Uxmal en el Nuevo Imperio—, hay dos más, Calakmul en la región del centro del Petén y Cobá, que posiblemente deberían incluirse en la clase 1 y no en la cabeza de la clase 2; Calakmul porque tiene más monolitos —103— que cualquiera otra ciudad de la civilización maya, y Cobá por sus muy extensos restos arquitectónicos y sus numerosas estelas esculpidas". El mismo autor agrega que Cobá "está bellamente situada en medio de cinco lagos pequeños, rarísimo rasgo fisiográfico en la tierra llana y casi desprovista de agua del norte de Yucatán. El depósito natural de agua más grande es el Lago Cobá, de donde este lugar toma su nombre. Mide menos de un

kilómetro de largo por ochocientos metros de ancho".

Después de visitar el Lago Cobá fuimos al de Macanxoc, que tiene un pequeño muelle de piedras. Thompson, en su libro "Arqueólogo Maya", nos dice que "a él debieron atracar las canoas de pescadores o las que se usaban en las ceremonias y sacrificios que se realizaban en el lago". Y enseguida comenta, "Es muy probable que si se dragara el lago, saldrían a la luz tesoros como en Chichén Itzá. Más aún, los hallazgos resultantes pertenecerían en su mayor parte al período clásico, lo cual sería de suma importancia, ya que por el momento no contamos con artículos de material perece-

dero correspondientes a esa época tan antigua". Después de hacer la circunvalación del lago fuimos siguiendo un vericueto de senderos —en muchos de ellos nuestro guía se vió obligado a servirse del machete, para despejar de lianas y ramas el camino—, hasta el grupo denominado Macanxoc, por su cercanía al lago así llamado. Aquí contemplamos absortos numerosas estelas, algunas de las cuales llevan fechas correspondientes a la primera mitad del período clásico maya. La más hermosa representa a un alto personaje con un opulento tocado de plumas de quetzal. La cabeza mira a un lado, y en la parte inferior los pies, abiertos en ángulo obtuso, se apoyan en dos prisioneros que llevan las manos atadas. En el reverso de esta estela hay una imagen parecida.

Desde lo alto del edificio vimos dos lagos. El más próximo era el de Sacalpuc ("cosa bordada" en lengua maya). Y el otro, el llamado Yak laguna ("laguna verde"). Invisible en ese momento a nuestros ojos estaba el lago de Xcan-Ha ("agua amarilla"). Esta información que nos proporcionó nuestro guía, que conoce la zona arqueológica de Cobá como la palma de su mano, con-

to denominado "El Cuartel". Se trata de varias habitaciones, que lucen el típico arco maya, las más de ellas destruidas por la selva que ha devorado estas regiones. Y no olvidamos consignar la detenida visita a un importante bastión llamado "La Plataforma", sito a un costado de la pirámide mayor (la de Nohoch Mul). Una serie de terrazas, construidas a diferentes niveles y unidas por escalinatas, dan forma a este edificio, que en su conjunto nos recordó una edificación semejante en Copán, centro éste de primer orden del Viejo Imperio Maya, allá en Honduras.

Antes de concluir nuestra visita a Cobá recorrimos la zona llamada de las estelas,

Dioses del panteón maya recogidos en el códice.

Dios Sol

Diosa de la Luna joven

Bolon Dzacab

Ek Chuah
Dios de los Mercaderes

Ix Chel
Diosa de la Luna vieja
Diosa de la Medicina.

trasta con la que, en su libro "Arqueólogo Maya", Eric Thompson proporciona. Este mayólogo les da los siguientes nombres a los cinco lagos, casi uno a continuación del otro: Cobá, Macanxoc, Xkan-Ha, Sacalpuc y Chacluk. Y nuestro guía, cuando le enseñamos dicho libro se concretó a decir que estaba equivocado, pues el orden de los lagos era: Cobá, Macanxoc, Sacalpuc, Yax laguna y Xkan-Ha. Nosotros simplemente consignamos esta información en espera de tener documentación más precisa al particular.

A quince minutos del poblado de Cobá, donde habitan aproximadamente doscientas personas, visitamos un pequeño recin-

muy cerca del juego de pelota, y después el cenote, recinto acuático actualmente casi seco, cuya escalinata tallada en la piedra nos habla claramente de la importancia, quizá ceremonial, que tuvo este depósito de agua.

Hoy en día Cobá ha cobrado gran interés, por la belleza e importancia histórica de sus monumentos arqueológicos. Visitar este centro ceremonial maya es muy fácil. Un corto vuelo es el preámbulo para iniciar en este paradisíaco paraje caribeño un magnífico recorrido de la zona costera, y llegar hasta Cobá y Tulum, para admirar aquí los mudos testimonios de la grandeza de la civilización maya.

CREDITOS
FOTOGRAFICOS

Todas las fotografías que ilustran este libro han sido tomadas por el autor a excepciòn de:

Pág. 23—78-79   Archivo BIME

Pág. 29   Image Bank

Pág. 32   Jimmie Jeffries

Pág.
61-62-63-71-92-114-
163-165   Fotostock

Pág.
185-186-187-188-
189-190-191   Martín R. Sánchez
Segura
y Ernesto Rosales
Espinoza

INDICE